KB234286

기획의 발견

아이디어가 기획서로 바뀌는 순간

기획의 발견

후루타치 프로젝트 지음 | 김은주 옮김

이코_북
Eco. BooK

contents

CHAPTER **3** 기획 발상법

기획서 제출

지금 기획에 대해 고민하고 있는 당신에게

현재 기획을 구상 중인가?

신상품과 관련한 기획인가?

새로운 서비스를 구상하라는 상사의 명령인가, 아니면 프로모션 기획을 제출해야 하는가?

혹은 업계에 새로운 바람을 일으키겠다는 불타는 의지로 자진해서 기획안 작성에 나섰는가?

동기가 무엇이든 당신은 마침내 기회를 잡았다!

자신의 아이디어를 선보일 절호의 기회!

기획을 하는 것은 눈에 보이지 않는 아이디어를 눈에 보이는 작품으로 만들어내는 과정으로, 그 자체가 즐거운 작업이다. 그 결과 자신의 아이디어가 세상에 선보이는 특별한 기쁨까지 누릴 수 있다면 더없는 감동이 될 것이다.

방송작가는 TV 프로그램을 기획하고 구성하는 이른바 기획 전문가들이지만, 이런 우리도 (천재가 아니므로!) 백지 상태에서 새로운 기획을 만들어내지는 못한다.

사람들은 흔히 "무(無)의 상태에서 아이디어를 짜내는 재능이 있으니 그나마 기획 일을 하고 있는 것이 아니냐"고 묻는다.

그렇지 않다.

'기획은 제로 상태에서 1을 만들어내는 것이 아니라 1을 1′로 가공하는 작업'이다.

가만히 있는데 아이디어가 펑펑 솟아나는 사람은 없다.

기획이란 '번뜩이는 영감'이 아니라 '짜내는' 것이다.

즉 기획안 작성에서 절대적으로 필요한 요소는 재능이나 감각보다 '얼마나 많이 고민하고 생각하는가'이다.

장담하건대, 당신은 질적으로나 양적으로나 지금보다 훨씬 더 좋은 기획을 만들 수 있다. 왜냐하면 인간의 뇌는 근육과 마찬가지로 단련하면 할수록 좋아지기 때문이다. 지금부터 기획을 만들어내는 뇌, 이른바 기획 두뇌를 단련시키자.

뭔가를 단련할 때는 대개 두 가지 방법을 활용한다. 스포츠 센터에서 하는 근육 훈련처럼 '묵묵히 단련하는 법'과 '즐기면서 단련하는 방법'이다.

기획 두뇌는 당연히 후자의 방법으로 단련하는 것이 좋다.

당사자가 즐겁고 신나게 기획할 때 좋은 아이디어, 참신한 발상이 나온다. 따라서 기획의 원점인 '기획은 즐겁다'라는 의식을 늘 되새기며 훈련하기 바란다.

이 책에서는 업무나 일상을 더 재미있고 즐겁게 보낼 수 있는 방법, 그 결과 두뇌를 단련시키고 기획 능력까지 향상시킬 수 있는 일석삼조의 방법을 모색해보았다.

이렇게 자랑을 늘어놓으니 과대광고처럼 보일 것이다.

그렇다면 지금부터 과장이 아니라는 사실을 증명해 나가겠다.

chapter 1

기획이란?

01 기획은 서비스다

우선 기획이란 무엇인지에 대해 살펴보자.

기획은 예술 작품이 아니다.
고객의 요구에 어떻게 부응할 것인가, 이것이 기획의 기본이다.

TV 프로그램을 기획하는 방송작가들에 대해 사람들은 "자기 아이디어나 꿈을 TV라는 매체를 통해 실현시킬 수 있으니 얼마나 환상적인 직업인가! 정말 부럽다"는 질투 어린 찬사를 보내곤 한다.

그러나 이는 어디까지나 방송작가에 대한 이미지일 뿐 현실과는 거리가 멀다. 물론 재미있는 프로그램 만들기가 우리의 궁극적인 목표이기는 하나, 결코 '나 혼자 재미있어서 만들어낸 작품'은 아니다. 시간대나 시청자, 즉 연령이나 성별, 기호가 제각기 다른 '고객들이 재미있어 하는 작품'을 추구하는 것이 우리의 철칙이다.

다시 말해서 기획 일은 '서비스업'이다.

예술 작품이라면 자신이 좋아하는 것을 아무런 제약 없이 자유롭게 표현할 수도 있다. 그러나 기획은 그럴 수가 없다. 자유롭게 만들 수도 없으며, 그래서도 안 된다.

신상품은 소비자가 구입하고 사용했을 때 비로소 가치를 지닌다. 새로운 명소나 관광지도 사람들이 끊임없이 찾아주었을 때 의미가 있다. 어떻게 하면 고객이 즐거워할까? 이것이 기획의 출발점이다.

그렇다고 꿈과 이상을 접고 철저하게 현실적인 시각에서 기획을 세워야

하는가 하면, 그렇지는 않다. 예술 작품과 성격이 조금 다르기는 하나 그에
못지않은 자극, 즐거움이 무궁무진하다는 사실을 잊지 말자.

다음 그림을 보면 이해하기 쉬울 것이다.

02 좋은 기획안의 조건(3S)

   한마디로 말해서, 기획은 고객이 기뻐할 만한 것을 눈에 보이는 형태로 만들어내는 작업이다.

   그런데 '고객이 기뻐하는 것'은 구체적으로 어떤 것들인가?

   사람들이 즐거워하는 '매력적인 기획'은 다음 3가지 S를 반드시 구비하고 있다.

Short : 간결함
Sharp : 예리함
Shock : 충격

Short : 매력적인 기획은 누가 읽어도 바로 이해할 만큼 간단명료하다. 나쁜 기획일수록 단점을 감추기 위해 쓸데없이 설명이 길어진다.

Sharp : 매력적인 기획은 정곡을 찌른다! 잘 드는 칼날처럼 예리하다.

Shock : 매력적인 기획은 기발하고 충격적이다.

   세상에는 간결함, 예리함, 충격을 두루 갖춘 '무엇인가'가 아직도 무진장으로 널려 있다. 이 '무엇인가'를 특유의 동물적 감각으로 재빨리 감지해낼 것, 그렇게 발견한 아이디어를 상품이나 서비스 등의 구체적인 형태로 가공해서 세상에 선보이고 사람들에게 기쁨과 만족을 제공할 것, 이것이 기획자가 할 일이자 사람들이 바라는 바다.

Short! (간결함)

Sharp! (예리함)

Shock! (충격)

기획의 규모를 의식하라

기획안을 작성할 때 주의할 점이 또 하나 있다. 프로젝트에 맞는 '기획의 규모'를 파악하는 것이다.

예산은 어느 정도인가?
목표로 삼은 대상(타깃)의 잠재적인 수요는 어느 정도인가?
일정과 관련한 제약, 상부의 요구 등 프로젝트에 숨어 있는 제약, 즉 조건들은 무엇인가?
이 부분을 무시한 채 기획안을 작성한다면 예산도 생각하지 않고 무작정 여행을 떠나는 것과 같다. 아무리 매력적인 아이디어라도 그림의 떡에 불과하다. 예산이나 요구, 조건 등 이른바 기획의 규모를 파악하는 일은 눈에 보이지 않는 아이디어를 구체화시키기 위해 반드시 거쳐야 할 작업이다.

그런데 규모를 지나치게 의식하다 보면 심각한 폐해가 발생하기도 한다. 좋은 아이디어가 떠올라도 '예산이 어렵다', '고객의 요구와는 정반대가 아닐까?' 하고 끊임없이 자기 검열을 시도하게 되어 결국 사고 회로까지 정지되어 버린다. 시작도 하기 전에 사고 회로부터 막아버리면 아무 소용도 없다. 아이디어를 다듬는 사이에 굉장한 프로젝트가 탄생할 수도 있지 않은가!

기획의 규모를 늘 의식하는 것도 중요하나 이런 제약은 잠시 접어두고 아이디어를 자유롭게 떠올리고 구상하는 시간을 가져야 한다.

이렇게 상반되는 요소를 어떻게 조절하고 활용할 것인가? 이것이 뛰어난 기획을 만들어내는 요령이다.

책정된 예산으로
처리할 수 있는 기획인가?

예산이나 고객의 요구를
반영하고 있는가?

조건(목표 대상이나 일정 등)에
적절히 대응하고 있는가?

기획의 필수요건 중 하나는 규모를 의식하는 것!

04 기획안 작성법

다음은 구체적으로 기획안을 만드는 과정이다.
전체 모습을 파악하기 위해 우선 대강의 과정을 소개하겠다.

아이디어 수집하기

우선 기획의 뼈대라고 할 '아이디어'를 수집해야 한다(여기서는 아이디어를 기획의 중요한 요소로 간주하여, 기획과는 구별해서 사용하겠다).

아이디어 키우기

실질적인 기획안으로 작성하기 위해, 수집한 아이디어에 살과 근육을 붙이며 구체적인 모양으로 키워 나간다.

아이디어 짜내기(브레인 스토밍)

기획팀 전원이 모여서 아이디어를 발표하고 다듬어 기획안으로 정리해 나간다. 나만의 아이디어로 기획안을 작성하는 것도 좋지만 더 훌륭한 작품이 나올 수 있다면 굳이 '내 기획'에 집착할 필요가 없다.

기획안 검증하기

기획안이 결정되면 '기획의 규모'에 적합한지 철저히 검증하여 실현 가능성이 높은 기획안으로 다듬는다.

기획안 프레젠테이션하기

기획서가 완성되면 실행 사인을 받아내기 위한 프레젠테이션을 실시한다.

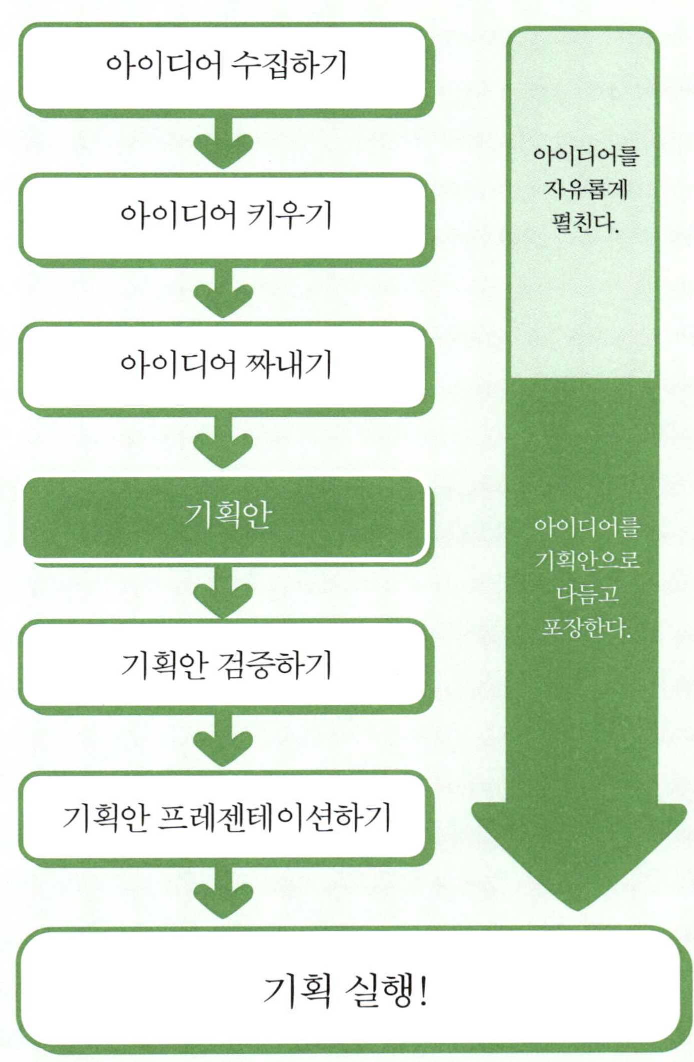

아이디어 수집하기
아이디어 키우기
아이디어 짜내기
기획안
기획안 검증하기
기획안 프레젠테이션하기
기획 실행!
아이디어를 자유롭게 펼친다.
아이디어를 기획안으로 다듬고 포장한다.

05 제로에서 1은 나오지 않는다

그런데 기획의 토대가 되는 아이디어는 어떻게 입수할 것인가?

처음부터 당신의 머릿속에 자리하고 있는 것은 아니다. 즉 아무것도 없는 백지 상태에서 열심히 노력하고 연구한다고 불쑥 나오는 것이 아니다.

그렇다면 어떻게 해야 할까?

기획의 토대가 되는 것들은 '주변의 일상'이나 '기존의 아이디어' 속에 숨어 있다.

물론 주변 일상사나 기존의 아이디어가 새로운 발상으로 바로 이어지는 것은 아니다. 중요한 것은 나만의 시각, 앵글이다. 즉 여기저기 널린 정보를 세밀하게 관찰하고 나만의 앵글로 들여다봤을 때 독창적인 아이디어가 떠오른다. 다시 말해서 기존의 1을 전혀 다르게 보이는 1′로 가공하는 발상법이 중요하다. 1′야말로 기획의 출발점인 동시에 매력적인 기획을 만들어내는 기폭제가 된다.

예를 들어 완성된 기획의 이미지를 100이라고 했을 때, 당신은 지금까지 어떤 식으로 100을 만들어갔는가?

제로에서 100을 만들어내고자 애썼던 사람들은 지금 당장 생각을 바꾸기 바란다.

우선 주변에 널려 있는 1을 1′로 가공해보자. 그리고 1′가 2가 되고 10이 되며 마침내 100이 되는 식으로, 좀 더 효율적인 발상법을 활용하기 바란다.

기획안 작성의 기본은 바로 1 → 1′발상법이다.

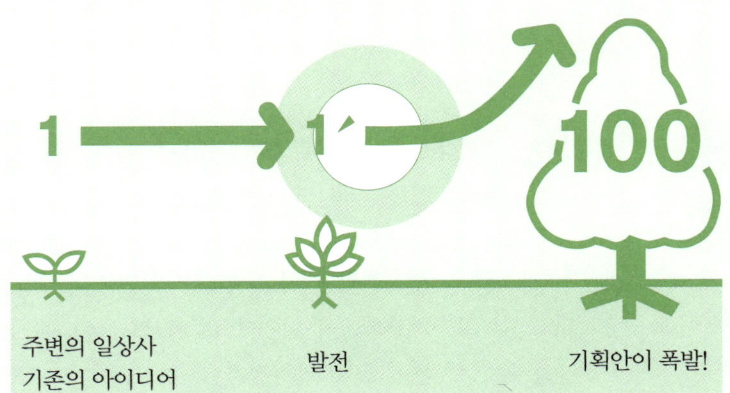

아무것도 없는 곳에서
100은 나오지 않는다.

방송작가의 하루, 기획안 작성하기

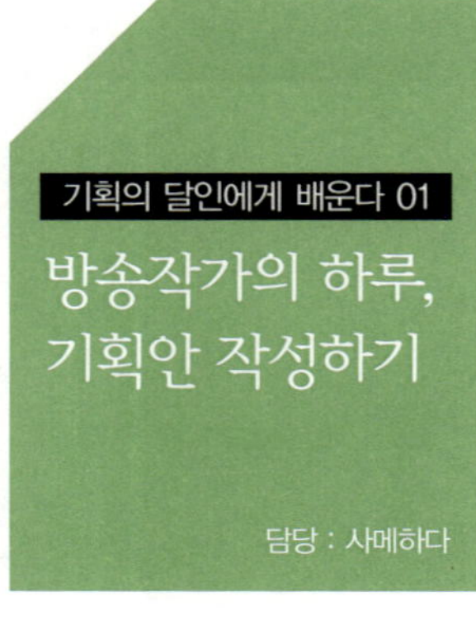

나는 상쾌한 아침 정보 프로그램부터 시작해서 심야의 오락 방송까지, 의뢰가 들어오면 기본적으로 거절하는 일 없이 모조리 떠맡아 해치운다. 이런 나를 두고 사람들은 "성격이 전혀 다른 TV 프로를 동시에 몇 개씩이나 하다니…. 뒤죽박죽이 될 것 같은데 참 용하군!" 하고 말한다. 내가 슈퍼맨도 아니고, 스타일이 다른 프로그램을 서너 개씩 동시에 기획하기란 사실 불가능하지만 굳이 나만의 요령이라고 한다면 '집중하기'다.

즉 지금 당장 구상해야 할 기획에 나의 모든 신경을 집중시키는데, '고객이 원하는 프로그램에 딱 맞아떨어지는 기획은 과연 무엇일까?'로 사고 회로를 완전히 바꿔버린다. 그 순간부터 내가 보고 듣는 모든 것이 이 '기획안 작성'으로 연결된다.

11:00 나는 방송국에 갈 때 늘 전철을 이용한다. 전철 안이 의외로 아이디어를 떠올리 데는 최고다.

덜컹덜컹…. 규칙적인 소음과 기분 좋게 흔들리는 리듬이 뇌를 자극하고, 아이디어의 샘에서 새로운 기획이 마구 솟아난다!

아! 나도 그런 편리한 뇌 구조를 가지고 태어났더라면 얼마나 좋을까! 괴롭다! 지금도 필사적으로 모 방송국의 구성회의에 제출해야 할 아이디어를 짜내는 중이다.

우선 첫 번째 구성 회의는 오락 프로그램. 평소에 느끼던 '소박한 의문'을 최소한 3개 제출해야 한다. 자, 나의 사고 회로를 '소박한 의문' 쪽으로 180도 방향 전환시킨다.

사고 회로를 무조건 '의문 제기하기'로 바꾸면 전철 안의 잡지 광고는 물론이고 옆에 앉은 여고생들의 대화, 회사원이 쥐고 있는 휴대전화 줄, 노약자석에서 꾸벅꾸벅 조는 아줌마의 헤어스타일까지 모두 '소박한 의문이 되지 않을까?'로 연결된다. 이렇게 앵글을 바꾸면 늘 봐서 익숙한 것들에도 의문을 제기할 수 있다.

“아줌마라⋯? 이 아주머니도 눈에 확 띄는 보라색으로 염색하셨네. 그러고 보니 머리카락을 보라색으로 염색하는 아줌마들이 의외로 많다!? 그래, 이거다! 아줌마, 할머니들을 천 명 정도 조사해서 보라색으로 염색한 비율을 찾아보는 기획은 어때?”

사고 회로를 ‘소박한 의문’으로 완전히 집중시킨 상태라 노약자석에 앉은 아줌마, 할머니를 보는 것만으로도 상상의 날개가 막 펼쳐진다.

13:00 다음 회의는 오전 시간대의 정보 프로그램.

이번엔 요즘 자주 접하는 ‘유행어’라는 앵글로 세상을 바라본다. 전철 타기 전에 구입한 잡지를 뒤적이면 여기저기 마구 쏟아지는 최신 유행어!

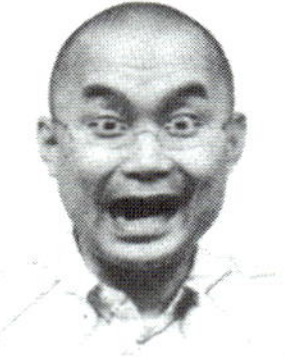

“음⋯. 요즘 여성지는 한 달간 의상을 코디네이트하는 방법을 특집으로 다루는 게 유행인가? 그렇다면 이걸 점심 도시락에 응용해보면 어떨까? 한 달 동안 검증해보는 코너도 괜찮지 않을까?”

16:00 이어지는 회의는 심야 오락 프로그램

다음 회의는 ‘최근 내 주변에서 일어난 멍청한 사건들!’이다. 앵글을 맞추어 수첩을 뒤적이거나 지난 일주일 동안의 기억을 되살려본다. 역시 효과가 있다! 사흘 전에 영화 〈ALWAYS 3번가의 석양〉을 DVD로 보았다.

“3번가의 석양이라⋯. 잠깐! 이걸 신주쿠 2번가의 석양으로 바꾸고 여장 남자들이 순수했던 어린 시절을 추억하는 코너는 어떨까?”

이런 식으로 성격이 제각기 다른 프로그램 구성회의를 몇 건씩 해결해야 하는 것이 방송작가라는 족속이다. 따라서 한 곳에 집중하기보다는 다양한 정보원을 입수하고자 노력한다. ‘어떤 정보든 방송 기획에 도움을 줄 것’이라고 믿기 때문이다.

chapter 2

아이디어 모으기

01 아이디어 찾기

1장에서 설명한 아이디어는 기획안 구상의 출발점이자 가장 중요한 요소다. 지금부터는 이렇게 중요한 아이디어를 어떻게 찾아낼 것인지에 대해 살펴보자.

기존의 1을 어떻게 1′로 가공해서 아이디어를 포착해낼 것인가? 요령은 다음과 같다.

사물을 바라보는 '앵글'을 바꿀 것.

앵글이란 각도나 사물을 바라보는 시각을 말한다.

쉬운 예로 카메라 앵글을 들 수 있다. 다음 쪽 그림의 원추처럼, 똑같은 물건도 앵글에 따라 다르게 보이는 예는 얼마든지 있다. 이처럼 앵글을 교묘하게 바꾼다면 익숙한 사물에서도 새로운 발견을 할 수 있고 1′로 만들 수도 있다.

아이디어를 포착하기 위해 활용하는 앵글은 시각만이 아니다. '사고'의 앵글도 바꿔보자. '이미 알고 있는 것'이라며 덮어버리면 손해다. 앵글을 바꾸면 주변의 익숙한 사물에서도 그리고 기존의 아이디어에서도 얼마든지 새로운 것을 발견해낼 수 있다.

아이디어가 풍부한 사람들이 일상과 동떨어진 특별한 생활을 영위하는 것은 아니다. 그들은 평범한 일상조차 가능하면 즐겁게, 재미있게 보내려 노력하며 이런 양적 차이가 아이디어의 양적 차이로 그대로 이어진다. 보통 때 같으면 지나쳐버리는 사물도 관심을 가지고 들여다보면 의외로 재미있는 것들이 많다. 그런 것을 발견하기 바란다!

똑같은 사물도 앵글을 바꾸면
전혀 다른 모습으로 비친다.

02 관찰하기를 습관화하라

아이디어를 찾을 때 가장 중요한 것은 역시 '관찰하기'다.

우선은 무조건 다양한 사물, 상황을 관찰할 것!

인간은 가까운 주변으로부터 지대한 영향을 받고 다양한 문화를 흡수할 수밖에 없는 존재다.

관찰이라고 하면 대개 업무와 관련된 것들만 떠올릴 것이다. 이를테면 립스틱 신제품을 개발 중이라면 여성의 입술, 신형 자동차 개발팀이라면 달리는 자동차를 관찰하는 식이다. 하지만 우리는 조금 다른 방법을 권한다.

즉 업무에 도움이 될지 안 될지는 잠시 접어두고 관련이 없는 것들이나 자기 주변을 관찰하며 재미있는 것들을 찾아보자.

'이 정보가 과연 도움이 되기는 할까?' 하는 식의 근시안적인 자세는 버리길 바란다. 사실 투철한 직업의식에만 매달려 관찰하고 발견하는 아이디어는 동업자, 경쟁자들도 곧 눈치 채게 마련이다. 누가 한발 앞서느냐의 차이일 뿐이다. 따라서 눈앞의 손익만 따지며 기획하려고 들면 다들 헤집어놓은 밭을 뒤늦게 뒤지는 격이 될 수도 있다.

기획안 작성이란 기획 입안, 즉 기획을 하겠다고 마음먹고 관찰해서 이루어지는 것이라기보다 평소 관찰하는 습관을 토대로 나오는 것이다. 평소 재미있다고 느낀 것들이나 흥미로운 것들을 특별하게 관찰함으로써 성립하는 것이라고 할 수 있다.

따라서 주변의 흥미로운 것들은 모두 아이디어로 가공하겠다는 각오로 관찰하길 바란다. '평소의 관찰'을 습관화해서 아이디어 씨앗을 수집하자.

기획은 '평소의 관찰'에
'특별한 관찰'을 추가한
토대 위에 성립하는 것!

03 내 폴더 채우기

관찰 안목을 키웠다면 다음 3단계를 훈련하자.

예를 들어 거리를 오가는 사람들을 자세히 관찰하다가 고급 의상을 걸친 부인과 후줄근한 복장의 남편을 발견했다고 하자. 이때 의식적으로 재미있는 부분, 어색함 등의 의문을 제기해본다. '영 어울리지 않는 부부'라서 재미있다는 분석을 할 수 있으며 더 나아가 "부인은 과연 남편의 옷차림이 눈에 거슬리지 않았을까?"라는 의문을 제기하면 "미적 감각이 자기 자신에게만 미치는 사람들이 의외로 많다"는 분석이 나온다.

이런 과정을 거치고 나서야 비로소 주변의 사물 1이 흥미로운 정보 1′로 변한다.

즉 무엇인가를 보고 재미있다고 느끼면 왜 그렇게 생각하는지 분석할 것, 그리고 다시 한 번 되돌아보고 음미하라는 말이다.

여기까지 실행했다면 그다음엔 분석 결과에 적당한 제목을 붙이고 머릿속에 폴더 하나를 만들어보자. 이를테면 '미녀와 야수 커플', '미의식의 범위' …식으로 폴더를 만들어 여기에 해당하는 정보를 발견할 때마다 저장한다.

폴더를 만들라는 말은 주변의 흥미로운 것들을 놓치지 않기 위해 감도 높은 안테나를 세워두라는 것이다. 이런 식으로 미리 주제(폴더)를 입력해두면 정해진 레이스를 달리는 선수처럼, 좀 더 효율적으로 아이디어를 수집할 수 있다. '흥미로운 대상 발견 → 폴더 작성'이 자연스럽게 이루어지면, 당신의 머릿속 안테나는 점점 더 늘어나고 아이디어 찾기도 효과적으로 이루어질 것이다.

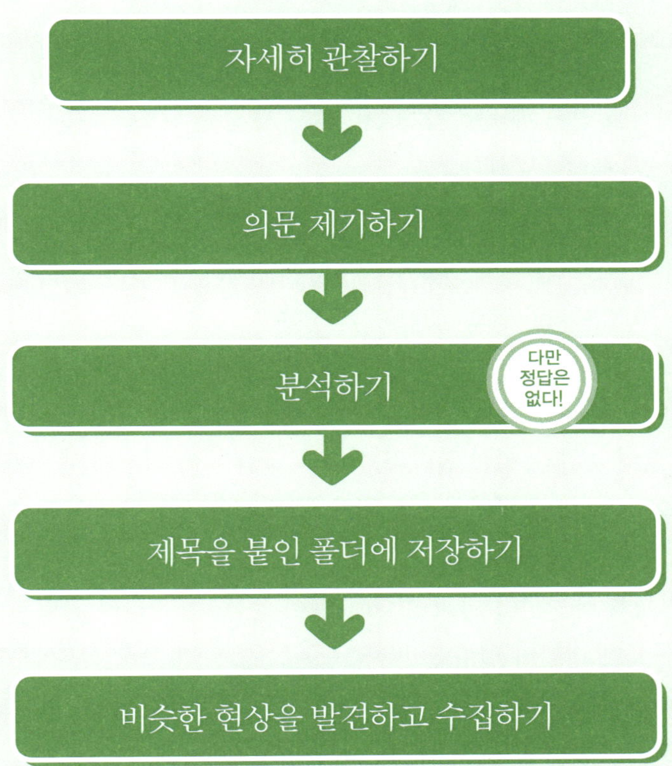

머릿속에 폴더를 가득 채우기 위해
더 많은 안테나를 세우자.

04 내 '감정' 들여다보기

아이디어를 찾을 때 방송작가들이 즐겨 사용하는 방법 가운데 하나가 자신의 '감정' 들여다보기다.

즐거움은 물론이고 불쾌함도 들여다볼 필요가 있다.

무섭고 떠올리기 싫어도 객관적으로 바라보다 보면 (설령 부정적인 것이라도) 어느 순간 재미있는 아이디어로 변신하기도 한다.

이를테면 구내식당 종업원이 너무 진지하게 밥공기의 무게를 재며 퍼 담는 통에 줄이 길게 늘어섰고 그의 신중한 밥 푸기에 마침내 짜증이 나기 시작했다고 하자. 그런데 지켜보는 내가 왜 화가 치밀기 시작했을까? 원인을 분석해보면 이렇다.

종업원에게 유연성이 전혀 없다는 것이 문제 → 그러나 종업원은 밥 한 공기의 무게가 정확히 얼마여야 한다는 매뉴얼을 지키기 위해 필사적이다. → 그렇다면 식당의 매뉴얼이 잘못 아닌가? → 결론 : 나는 도대체 유연성이라곤 조금도 찾아볼 수 없는 식당 매뉴얼에 화를 내고 있다.

여기까지 분석이 이루어지면 조금 전의 생생한 감정(치미는 화)은 사라지고 없다. 이처럼 감정을 들여다보라는 말은 감정을 가공하라는 이야기다.

격앙된 상태의 생생한 감정은 기획에 그대로 활용하기 어렵다. 일단 한 걸음 물러서서 객관적으로 바라보는 자세, 소용돌이가 지나가기를 기다리는 자세도 중요하다.

감정은 가공을 거친 뒤에야 비로소 아이디어가 싹트게 마련이다.

융통성이 전혀 없는 식당 매뉴얼을 예로 들었는데, 여기서도 직원들이

유연하게 대처할 수 있는 작업 지침서 혹은 아르바이트 직원을 대상으로 한
교육 기획 등을 구상해낼 수 있지 않을까?

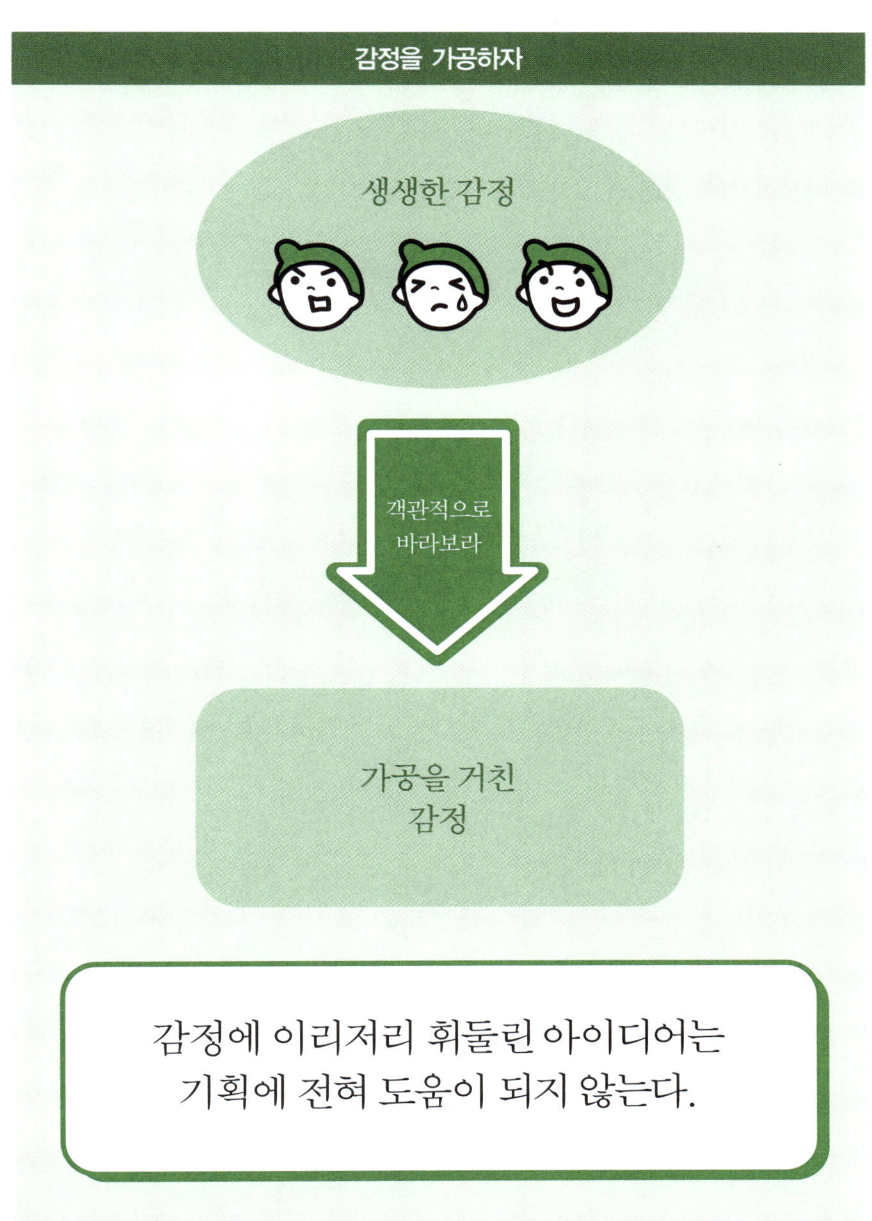

05 내 '행동' 들여다보기

자신의 일상적인 '행동' 역시 객관적인 앵글로 들여다보면 재미있다. 오늘 하루의 행동도 좋고 예전에 경험했던 일, 사건도 좋다. 잠시 되짚어보자.

나는 어째서 그런 행동을 취했는가?
그런 행동 패턴을 취하는 이유는 무엇일까?

이를테면 나는 치과 치료를 시작하면 늘 도중에 중단해버리는 버릇이 있다. 몇 차례 치료를 받으면 통증이 사라지고 그 뒤로는 귀찮아져서 그만두는 식이다. 성격 탓으로 돌리면 그만이지만, "왜 나는 이토록 게으른가?" 하고 반문해보았다. 그 결과 치과에서는 '치료가 끝나는 시기를 사전에 알려주지 않았고 결국 미래를 예측할 수 없는 답답함 때문'이라는 것을 깨달았다.

예측 가능한 일이라면 미리 과정이나 흐름을 표시해서 '앞을 내다볼 수 없는 답답함'을 해소할 수 있지 않을까? 치료를 늘 중단해버리는 내 몹쓸 버릇을 자세히 관찰한 뒤에 얻은 결론이었다.

누구나 한번쯤 느끼게 마련인 이런 의문이 서비스 기획에 실제로 활용되기도 한다. 병원이나 은행에서 발급하는 대기표, 유원지나 놀이공원에서 볼 수 있는 "대기 시간은 약 ○○분입니다" 하는 식의 안내판이 좋은 예다.

이처럼 자신의 행동을 들여다보고 분석한 끝에 발견한 아이디어는 누구나 공감할 수 있는, 설득력이 뛰어난 기획으로 만들기 쉽다.

왜냐하면 사람들의 사고나 행동 양식을 허구가 아닌 자신의 실제 체험을 통해 생생하게 그려낼 수 있기 때문이다.

자신의 행동을 관찰하면
왜 그렇게 했는지 이유까지 알 수 있다.

→ 설득력을 갖춘, 공감할 수 있는
기획이 나온다.

06

무의식적인 동작 관찰하기

자신의 감정이나 행동을 차분히 짚어보아도 왜 그런 반응을 했는지 도무지 이해할 수 없는 경우도 있다. 깊이 생각하지 않고 무심코 나오는 동작, 이른바 '무의식'적인 동작이 바로 그런 경우다. 이 무의식의 행동도 제대로 관찰하면 아이디어의 보고가 될 수 있다.

무의식적으로 확인하거나 고치거나 피하는 동작. 이런 행동을 관찰하면 새로운 아이디어가 탄생할 여지도 많다.

특히 무의미한 동작을 '생략'할 수 있다면 많은 사람들이 고대하는 상품이나 서비스 기획을 고안해낼 수 있다.

인감 디자인이 대표적인 예다.

인감을 만들 때는 어느 쪽이 위인지 알 수 있도록 세로로 홈을 살짝 파둔다. 날인할 때 사람들이 무의식적으로 위아래를 확인하는 동작을 '지켜보던' 누군가가 이 동작을 생략할 수 있는 아이디어를 떠올렸고, 이를 구체적인 형태로 만들어낸 것이 도장의 세로 홈이다.

그런데 자신의 무의식적인 행동을 찾아내기란 쉽지 않다.

우선은 타인의 행동을 관찰하며 무의식적인 동작이 없는지 찾아보자.

실제로 시도해보면 알겠지만, 처음에는 상당히 어렵다. 그러나 마술쇼와 마찬가지로 익숙해지기까지가 힘들 뿐 일단 요령을 터득하면 무의식적인 동작이 조금씩 보이기 시작한다.

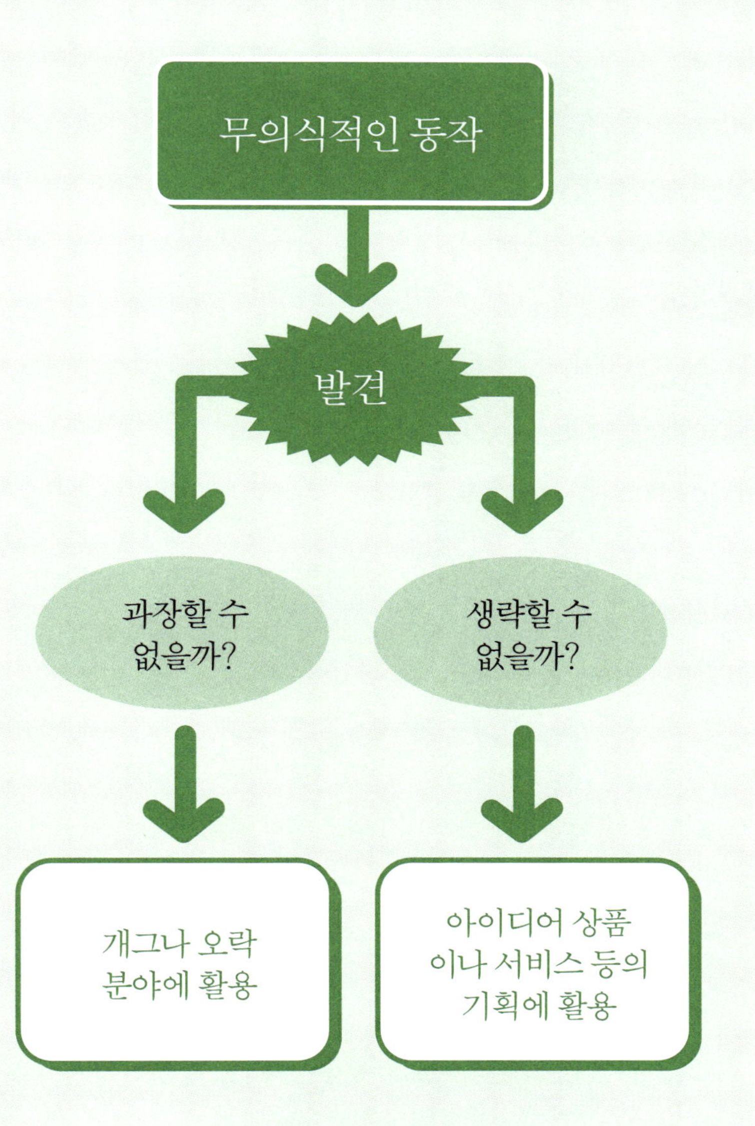
무의식적인 동작
발견
과장할 수
없을까?
생략할 수
없을까?
개그나 오락
분야에 활용
아이디어 상품
이나 서비스 등의
기획에 활용

07

다른 사람의 입장에서 생각하기

자기가 아닌 다른 '누군가'의 눈으로 사물을 관찰하는 방법도 참신한 아이디어 찾기에 효과적이다.

어린아이나 외국인이라고 생각하고 주위를 둘러보라. 남성이라면 여성, 여성이라면 남성의 시각으로 사물을 바라본다.

다른 사람이 되어봄으로써 늘 익숙한 자신의 시각과 사고 필터를 벗어던지고 새로운 앵글로 세상을 들여다보자.

애완견에게 옷을 입혀 산책하는 사람을 보면 늘 고개를 갸웃거리게 되는데, 나만 그런 것은 아니리라 생각한다. 그런데 그들과 이야기를 나눠보면 개를 가족의 일원으로 혹은 자신의 분신으로 생각할 정도로 감정을 이입시키고 있는 경우가 많다.

그들의 시각으로 애완견과의 관계를 분석하면, "여자는 자신이 느끼는 감정을 상대방, 특히 좋아하는 사람도 함께 공유해주기를 바라는 존재! 즉 즐거움을 함께 누리고자 하는 경향이 강하다. 그렇다면 애완견에게도 당연히…!" 하는 아이디어가 떠오른다.

즉 여성들 사이에 유행하고 있는 상품이나 서비스는 곧 애완동물 업계에도 유행할 것(애완동물용 발 마사지나 요가까지 이미 등장했지만)이라는 가정을 세울 수 있고 그에 따라 다양한 기획을 만들 수 있다.

이처럼 '다른 사람'의 시각으로 세상을 바라보면 평소 놓치기 쉬운 혹은 보이지 않던 부분까지 선명하게 드러난다.

그런데 다른 사람이 되어보기 위해서는 우선 그의 사고방식을 파악할 필요가 있는데, 이때 소비자 인터뷰나 설문조사 등으로 정보를 입수하는 것은 위험하다. 사람들은 공적인 인터뷰나 질문을 받았을 때 예의상 모범 답안을 내놓기 쉽고, 소비자 대표로서 진지하게 답해야 한다는 중압감으로 평소에 느끼던 바와는 다른 답을 내놓기도 한다.

누군가의 시각으로 세상을 바라보기 위해서는 우선 다양한 사람들과 일상적인 대화를 나누는 가운데 상대방과 자신의 앵글이 어떻게 다른지, 차이를 파악하는 작업부터 시작해야 한다.

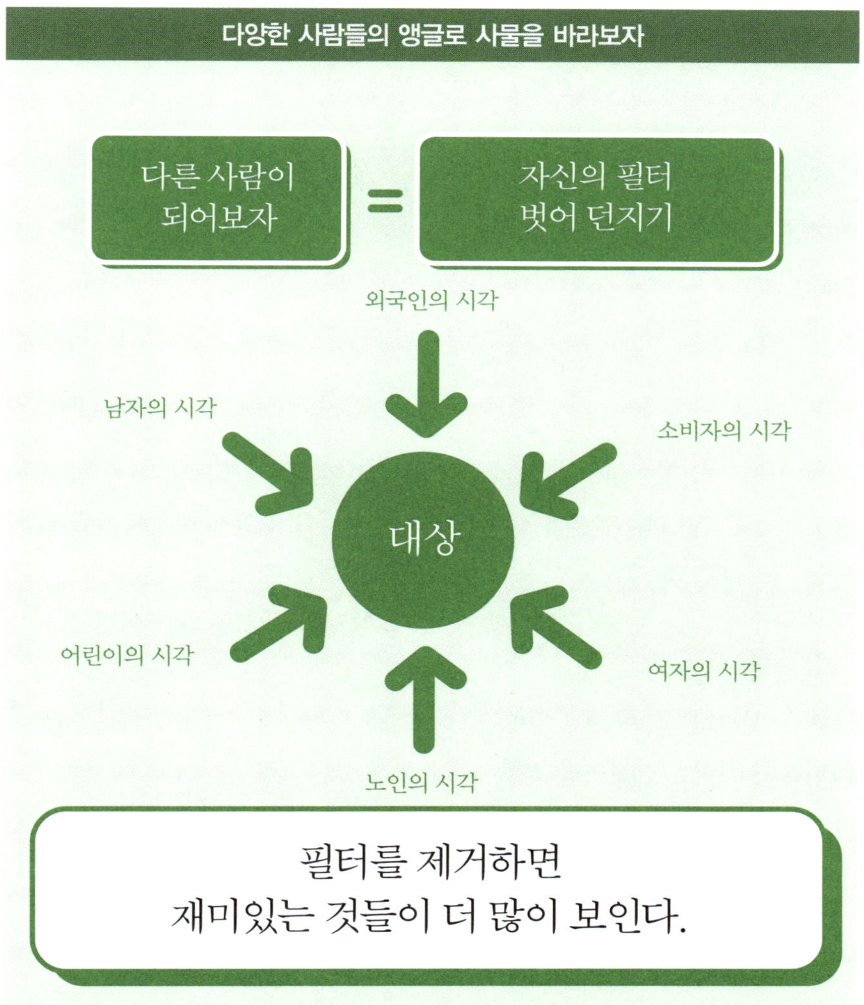

08 끝없이 의문 제기하기

  아이디어를 발굴할 때의 핵심은 사물을 자세히 관찰한 뒤 의문을 제기하는 것이다. 의문은 일상적으로 자연스럽게 솟아나게 마련이나 조금 욕심을 부려서 더 많은 아이디어를 수집하고 싶다면 '자연스럽게 의문이 생기기'를 기다리지 말고 의식적으로 '합성 의문'을 만들어보는 것이 좋다.

  의도적으로 의문을 제기하는 사이, 무심코 지나치던 주변의 사물에서도 뜻밖의 아이디어가 나온다.

  의문을 제기하다 보면 과거와는 전혀 다른 앵글로 주위를 바라보게 되고 새로운 아이디어를 떠올릴 수 있다.

  그런데 무턱대고 의문을 제기하고 해답을 찾는다고 아이디어가 술술 떠오르는 것은 아니다. 의문을 아이디어로 발전시키기 위한 대전제는 좋은 의문을 제기하는 것이다.
  좋은 의문이란 누구나 공감할 수 있고 누구나 새로운 발견이라고 느낄 만한 것을 말한다.
  많은 사람들이 무릎을 치며 '그러고 보니 그렇다!'고 공감하는 의문이 아니라면 신선한 발견이라고 할 수 없다.

  '아, 사실 그게 늘 궁금했다!' → 공감
  '그러고 보니 과연 그렇다!' → 새로운 발견

  이처럼 공감, 새로운 발견이라는 느낌을 주는 의문을 제기해 나가자.

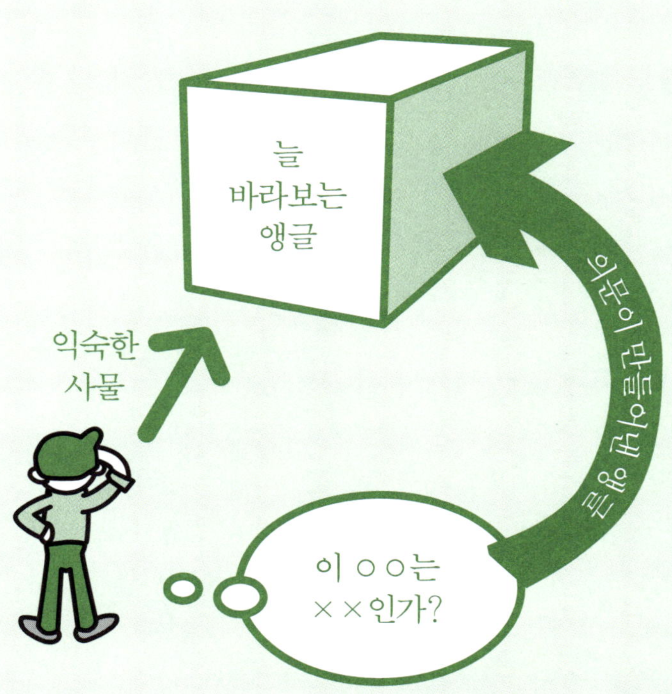

제기된 의문에서 공감과
새로운 발견을 느낄 때
아이디어가 탄생!

‘당연한 것’을 의심하라

09

눈앞에 전병과자가 있다고 하자. “전병과자는 역시 딱딱해야 제 맛이지. 잠깐만! 꼭 딱딱해야 전병과자인가?” (이런 의문을 구체화시킨 제품이 ‘부드러운 전병과자’다.)

주변의 사물에 대해 ‘원래 그런 것’이라는 상식이나 고정관념을 근본적으로 의심해보는 것도 아이디어를 떠올리는 데 효과적이다.

일간지의 TV 프로그램 안내를 예로 들어보자. “이 프로는 8시부터 시작하니까…. 아니지? 왜 꼭 8시 정각이어야 할까?” (실제로는 5~10분씩 앞당겨서 방송되는 경우도 많다.)

또 식당에서 음식을 남기는 사람이 있으면 이렇게 의심해본다. “저게 다 쓰레기통으로 들어가는데…. 아깝다. 아니지? 음식을 남기는 사람이 문제인가? 대체 1인분의 양은 누구를 기준으로 한 것일까?”(요즘은 밥의 양을 대, 중, 소로 구별해서 손님들이 선택할 수 있도록 하는 식당도 생겼다.) 하는 식으로 세상의 상식에 의문을 제기한다.

이런 의심하기 발상을 이용해서 초등학생들에게 시간표나 전화번호부로 독서 감상문을 써보라는 프로그램을 기획한 적이 있다.

“시간표로는 감상문을 쓸 수 없다”는 선생님의 말에 초등학생들이 ‘정말로 그런지’를 검증해보는 내용이었다. 그런데 아이들은 열차 시각표에 등장하는 역 이름이나 열차 정보를 점과 선으로 표기하는 방법 등에 흥미를 보이며 즐겁게 읽어나갔고, 전화번호부에서 다양한 직업을 발견하는 등 제각기 다른 독서법을 시도하며 재미있는 감상문을 제출했다.

‘원래 그런 것 아냐?’라는 생각이야말로 발상의 천적!

모든 사물의 형상, 크기, 규칙, 사용법 등도 한번쯤 의심해보자. 의심하면 새로운 아이디어의 가능성이 활짝 열린다.

10 기존의 정보를 자리바꿈 하기

기존의 정보를 조금씩 '자리바꿈' 해서 아이디어를 수집하는 발상법도 있다.

무작위로 키워드를 하나 정하고 그와 관련 있는 단어나 문장을 죽 나열한다. 이때 포인트는 모르는 단어나 문장이 나올 때까지 계속하는 것이다. 꽃을 예로 들면 다음과 같다.

튤립 꽃을 안다. → 오이꽃도 구별할 수 있다. → 아스파라거스 꽃은… 모른다!

꽃이라는 키워드로 이미 알고 있는 정보를 죽 기록하는 사이, 마침내 아스파라거스의 꽃은 본 적이 없다는 사실에 도달한다. 일종의 연상 게임이다.

두 번째는 알고 있는 사물을 수직으로 바꾸는 방법.

예를 들면 우리가 일상적으로 사용하는 물건들이 어떻게 탄생했고 어떻게 변천해왔는지, 시간대별로 거슬러 올라가 보는 방법이다.

우리가 만든 상품의 뿌리는 과연 어디일까? 상품의 원재료는 어디서 어떻게 우리의 손에 들어왔을까? 이런 식으로 알지 못하는 미지의 세계를 추적해 나간다.

이런 의문 속에 다른 사람들도 공감할 만한 요소가 있는지 혹은 새로운 발견이라고 할 만한 부분은 없는지 탐색해 나가자.

카레를 분석해보면 이런 식이다. 1960년대 카레의 맛은? 1980년대의 카레 맛은? 2000년대의 맛은? 이처럼 시간대별로 의문을 제기하면서 사람들의 관심을 모으는 방법도 있지 않을까? 시대별 카레 맛을 재현한 제품을 세트로 만들어 판매하는 아이디어로 소비자의 호기심을 불러일으킬 수 없을까?

우리 주변에는 여전히 알지 못하는 것들이 의외로 많다. 그리고 이런 정보가 더 '매력적인' 인 경우도 적지 않다.

11 따지기의 달인이 돼라

주변의 사물들에 대해 '따지기'를 시도해본 적이 있는가?
여기서 말하는 '따지기'는 사물이 지니고 있는 문제점을 밝혀내는 행위다.

'따지기'로 문제점 찾아내기, 그리고 그 문제점을 '어떻게 개선할 수 있을까?' 이 두 가지를 함께 시도하면 신상품이나 새로운 서비스와 관련한 참신한 아이디어가 떠오르기도 한다.

세미나에 참석할 기회가 생기면 우리는 참가자들에게 종종 '택시 기사에게 따지기'라는 과제를 내놓는다. 참가자들의 반응도 다양하다. "승객이 피곤해 보일 때는 제발 말 걸지 말라고요!" "기본 요금 거리라고 무시하는 겁니까?" 등등.

그다음에 '이런 불편한 상황을 예방할 수 있는 방법'을 생각해보라고 주문한다.

'과묵한 택시 회사'라는 스티커를 차량에 부착해서 '절대로 말 걸지 않는 과묵한 기사가 운전하는 택시 회사'를 만들고 싶다는 답, 단추 하나로 기사와 승객 사이를 완전히 차단하는 일명 '방패막이 채용 택시 회사'도 있을 수 있다는 등 다양한 아이디어들이 쏟아졌다.

'택시 회사의 서비스 향상에 대해 다 같이 연구해보자'는 주제로 진지하게 세미나를 진행했다면 이런 기발한 아이디어는 나오지 않을 것이다.

따지기와 의문 제기라는 두 단계로 나누어 분석하라는 이유는 아이디어가 훨씬 잘 떠오르기 때문이다.

이런 따지기 능력을 단련시키면 업무상의 문제점들을 해결하기 위한 아이디어도 쉽게 찾아낼 수 있다.

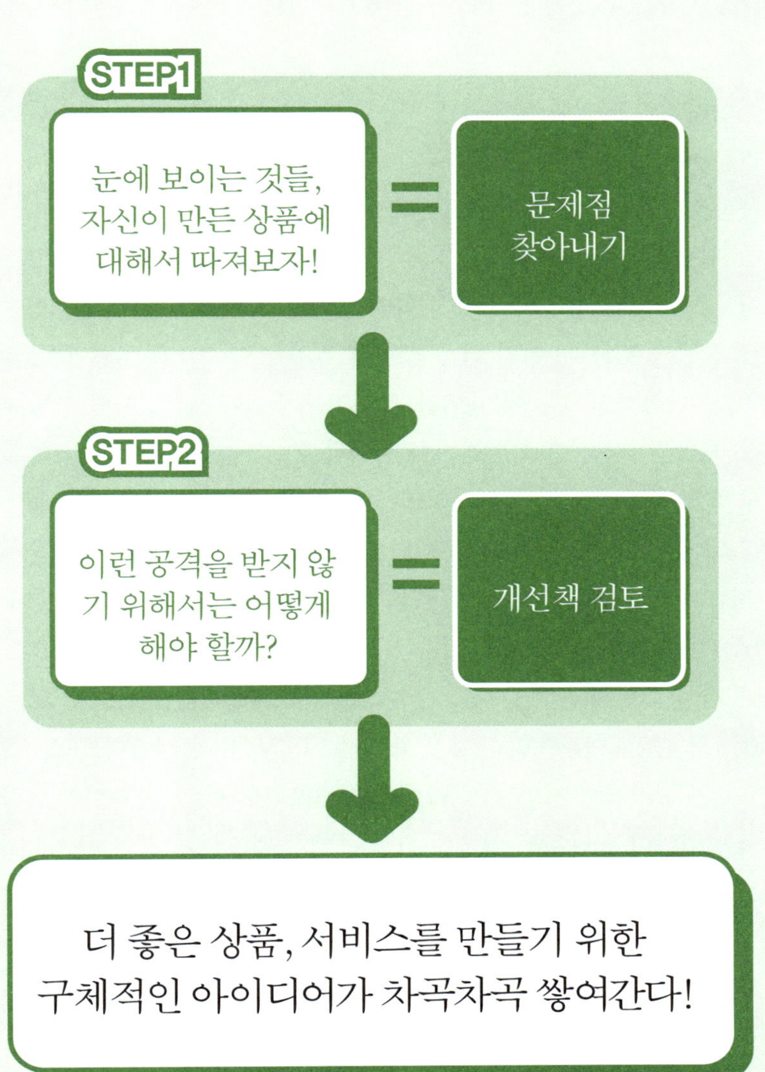
STEP1
눈에 보이는 것들, 자신이 만든 상품에 대해서 따져보자!
=
문제점 찾아내기
STEP2
이런 공격을 받지 않기 위해서는 어떻게 해야 할까?
=
개선책 검토
더 좋은 상품, 서비스를 만들기 위한 구체적인 아이디어가 차곡차곡 쌓여간다!

12 길거리에서 창의적으로 생각하기1

아이디어의 씨앗이 무수하게 뿌려져 있는 곳이라면 역시 사람들이 많은 거리를 빼놓을 수 없다. 지금부터 거리를 산책하는 요령을 살펴보자.

핵심은 관찰 주제를 정한 뒤에 산책하는 것이다!

주제는 산책 당일, 제일 먼저 마주친 의문점이나 홍미 정도로 충분하다.

어느 날 스테이플러로 서류철 작업을 하다가 의외로 열중하고 있는 자신을 발견했다고 하자. 이런 단순 작업에 빠져든 이유가 무엇일까? 분석해보니 역시 반복적인 리듬에 재미를 느끼지 않았을까? 그렇다면 그날 하루의 관찰 주제를 '리듬'으로 설정하는 식이다.

주제를 정하고 거리를 산책하면 곳곳에서 리듬과 관련한 현상을 발견할 수 있다. 파란 불이 켜졌을 때 횡단보도로 쏟아지는 인파나 자동문의 개폐 등 지금까지 특별히 의식하지 않았던 율동적인 광경이 눈에 들어온다.

나 역시 그날의 주제를 정한 뒤에 거리로 나선다. 산책 중에 도로 공사 현장에서 발길을 멈추고 잠시 바라보면, 흙더미를 릴레이식으로 운반하는 인부들의 동작에서 기분 좋은 리듬을 발견하기도 한다. 반복적인 동작에 홀려서 정신없이 바라보고 있는데 가끔 무게가 미묘하게 차이 나는 바구니가 끼어들었는지 리듬이 깨지는 것을 보게 된다. 이 광경이 의외로 인상적이어서 그때부터 상상의 날개가 마구 펼쳐진다. 즉 '리드미컬한 동작이 이어지다가 느닷없이 흐름이 깨지니까 더 재미있다'는 정보가 입력되고 이를 기획에 활용하기도 한다.

그런데 인간의 집중력에는 한계가 있으므로 거리의 모든 현상을 빼놓지 않고 관찰하겠다는 생각은 하지 않도록 한다.

　따라서 평소 거리를 산책할 때는 관찰 주제라고 하는 조건(제약)을 만들어두는 것이 좋다. 이런 요령으로 주변을 관찰하면 늘 봐서 익숙한 풍경에서도 새로운 것을 발견할 수 있다.

평소의 산책 외에 계획적으로 거리를 산책하는 방법도 아이디어를 떠올리는 데 효과적이다. 즉 나 홀로 도시 '관광'을 시도하는 것이다.

이를테면 도쿄 번화가(근처에 거주하더라도)로 '놀러 가는' 것이 아니라 '관광하러' 가는 것이다.

관광이란 평소 가지 않는 곳을 일부러 찾아가는 것이라고 할 수 있는데, 순수하게 '보기'를 즐긴다는 말이다.

따라서 관광을 하고 싶다면 혼자 떠날 것을 권한다. 행선지는 교토나 나라 등의 관광지도 좋고 요즘 유행하는 오락 시설이나 쇼핑센터도 좋다.

예전에 교토를 '관광'했을 때 교토의 화려한 건축물은 제쳐두고 멸균이라는 글자가 새겨진 바가지로 물을 뜨면 부자가 된다는 신령스러운 우물에 흥미를 느껴 시간 가는 줄 모르고 상상의 날개를 펼치기도 했다.

또 일본의 베벌리힐스라고 하는 우라산도 힐스를 '관광'했을 때는 인공 하천이 너무나 인상적이어서, 즐비하게 늘어선 명품 가게들은 안중에도 없고 하천만 내내 쳐다보다 돌아온 적도 있다. 도대체 어디서 끌어온 물일까? 아이들이 놀아도 문제가 없을까? 등등(물론 나중에 모두 조사했다).

일본인들이 보기에는 별로 특별할 것도 없는 곳을 배경으로 열심히 사진을 찍는 외국인들을 볼 수 있다. 즉 우리는 전혀 느끼지 못하는 혹은 알지 못하는 무엇인가가 그들에게는 선명하게 보이는 것이다.

그곳에서 생활하는 사람들에게는 당연한 것들이 밖에서 들여다보면 흥미진진한 경우가 세상에는 아주 많다.

이런 것들을 제대로 발견할 수 있는 사람은 그곳에 늘 거주하는 사람이 아니라 역시 '관광객'이다.

아이디어 찾기라는 시각에서 보면
이런 곳들이 모두 관광지!

14 전철에서 아이디어 얻기

전철 역시 아이디어 찾기의 보물창고라고 할 수 있다.

전철 안에 붙은 잡지 광고를 훑어보면 요즘 유행하는 키워드를 한눈에 파악할 수 있다.

그런데 잡지나 광고의 표제들이 당신의 눈에 바로 '중요한 키워드'로 입력되는가 하면, 그렇지는 않다.

광고 역시 앞에서 설명했던 '오늘의 관찰 주제'를 떠올리며 바라보거나 '머릿속에 작성해둔 흥미진진한 정보 폴더'와 대조해가면서 바라보자. 이렇게 나만의 앵글로 광고를 바라보았을 때 비로소 문자 크기와는 상관없이, 즉 표제와는 상관없이 직감적으로 중요한 키워드가 눈에 들어온다.

주위의 대화에 주의 깊게 귀 기울이는 방법도 효과적이다.

언젠가 전철 안에서 양복 차림의 중년 남성들이 나누는 이야기에서 정보 하나를 얻었다. 그들 중 한 사람이 어느 슈퍼마켓의 진열 상품에 대해 말하고 있었다. '생선 종류가 아주 다양하다'는 이야기까지 하는 걸 보면 꽤 자세히 파악하고 있는 것 같았다. 슈퍼마켓이라고 하면 으레 주부들의 장보기를 연상하기 쉽지만, 정년 퇴직자들이 급증할 것으로 예상되는 몇 년 뒤에는 슈퍼마켓을 찾는 남성들이 늘어날지도 모른다. "그렇다면 주부 못지않게 남성들도 슈퍼마켓의 상품에 대해 까다롭게 체크할 것이고…. 그럼 새로운 슈퍼마켓에 대한 기획이…" 하는 식으로 자연스럽게 아이디어를 확장할 수 있다.

이렇게 의식적으로 보기, 듣기를 훈련하면 전철 타는 시간도 심심하기는 커녕 아이디어를 얻는 기회가 될 것이다.

'관찰 주제'를 염두에 두고 살펴보면…

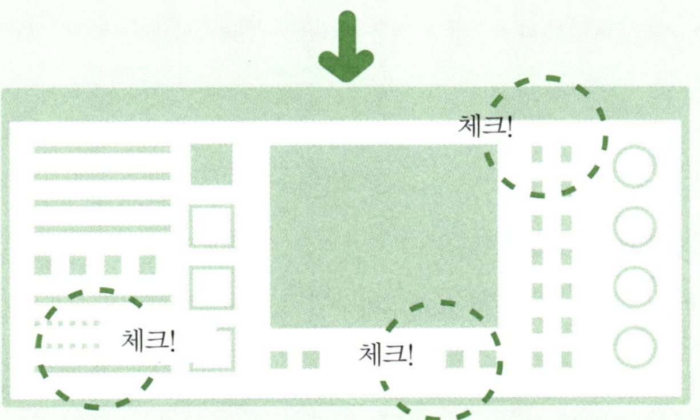

나만의 안테나가 작동하면서
늘 보던 광고에서도
흥미진진한 키워드가 걸려든다.

15 신문, 잡지에서 아이디어 얻기

신문이나 잡지도 조금 색다른 방법으로 읽어보자.
즉 '평범한 읽기'에서 어떻게 하면 벗어날 수 있는지 연구한다.

경제신문이나 업무 관련 잡지를 뒤적이며 경제계 동향을 살피는 일은 대부분의 직장인들이 기본적으로 해야 할 작업이 아닐까? 그러나 남들과 똑같은 방법으로 정보를 수집한다면 떠오르는 아이디어 역시 비슷할 것이다. 따라서 평범한 읽기와 동시에 그와는 '정반대의 읽기'를 시도하는 것도 참신한 아이디어를 발굴하는 데 중요하다.

구체적으로, 신문을 읽을 때는 우선 TV 프로그램 안내를 구석구석 빠뜨리지 말고 들여다본다. 시사 관련 방송에서부터 각종 쇼 프로그램까지 다양한 키워드가 등장한다. 눈에 띄는 단어에 빨간색으로 동그라미 표시를 해가며 일주일 정도 메모하면 시대의 분위기까지 어느 정도 파악할 수 있다.

구인란이나 책 광고도 의외로 재미있다. 듣도 보도 못한 아르바이트나 전문서적까지, 지금 한창 주목받는 정보를 두루 입수할 수 있다.

잡지도 마찬가지다. 직업상 봐야 하는 잡지 이외에 전혀 다른 분야의 책도 가끔 펼쳐보자. 늘 〈SPA!〉(산케이 신문사 발행, 젊은 층을 타깃으로 한 주간지-옮긴이)를 읽는 사람들은 이따금 〈LEON〉(주부와 생활사 발행, 중년 남성을 대상으로 하는 패션 월간지-옮긴이)도 펼쳐보자. 평소 관심이 없는 분야나 업무와 전혀 관계없는 잡지를 보는 것도 효과적이다. 파트너가 사온 잡지를 교환해서 읽어보는 것도 좋다. 혹은 자주 가는 서점과는 분위기나 고객층이 완전히 다른 서점에 들러서 앞줄에 진열된 잘 나가는 잡지를 무조건 구입해 읽는 방법도 좋다. 여기서 위화감을 느낀다면 평소와는 다른 세계로 들어왔다는 확실한 증거다. 이런 위화감을 즐기자!

평소와는 다른 독서법도 중요하다

기본은
엄수할
것!

다른 분야의
정보를
접할 것!

평소에 읽는 것들

평소에 접하지 않는 분야

• 동성이나 같은
세대가 보는
잡지

• 업계 관련 잡지

• 신문의 경제면,
사회면

• 고객층이나
분위기가 전혀
다른 서점에서
잘 나가는
잡지

• 이성이나 다른
세대가 읽는 잡지

• 신문의 방송
안내, 구인란,
광고란

이런 독서법으로 다양한 분야의 정보를
접하고 참신한 아이디어를 떠올리자.

16 인터넷에서 아이디어 찾기

인터넷은 다양한 정보를 조사할 때 특히 편리하다. 아이디어를 찾을 때도 검색 사이트가 위력을 발휘한다. 단어 하나만 입력해도 관련 정보가 엄청나게 쏟아지니 당연하다.

이런 편리한 도구지만 명심해야 할 것이 있다.

'내가 무엇을 검색해야 할지' 검색해주는 사이트는 없다!

검색 순위라는 것도 있지만 이런 것에만 의지할 경우 독창적인 아이디어를 떠올리기 어렵다. 중요한 점은 아이디어의 씨앗이라고 할 '나만의 키워드'를 어떻게 찾아내는가 하는 것이다. 앞에서도 말했지만 나만의 키워드는 자신의 행동을 관찰하고 거리를 산책하며 스스로 찾아내지 않으면 안 된다. 이렇게 해서 입수한 키워드를 검색 사이트에 입력하면 관련 정보가 차곡차곡 모이고 아이디어도 조금씩 축적되어간다.

요컨대 인터넷은 앞에서 설명한 아이디어 찾기를 실행한 뒤에 비로소 위력을 발휘하는 도구라고 할 수 있다. 따라서 처음부터 인터넷에 의지하다가는 좋은 아이디어를 발견할 수 없다는 사실을 명심하기 바란다.

반대로 키워드만 있다면 인터넷은 아이디어를 찾는 데 최강의 무기가 되어준다.

시간 여유가 있을 때는 키워드로 검색한 사이트를 뒤져 새로운 키워드를 발견하고 해당 사이트로 이동하여 또다시 키워드를 발견하는 식으로 인터넷을 마음껏 유영해보자.

다시 말해서 인터넷 검색 자체를 즐기자! 좋은 아이디어는 이렇게 즐기면서 할 때 더 잘 떠오른다.

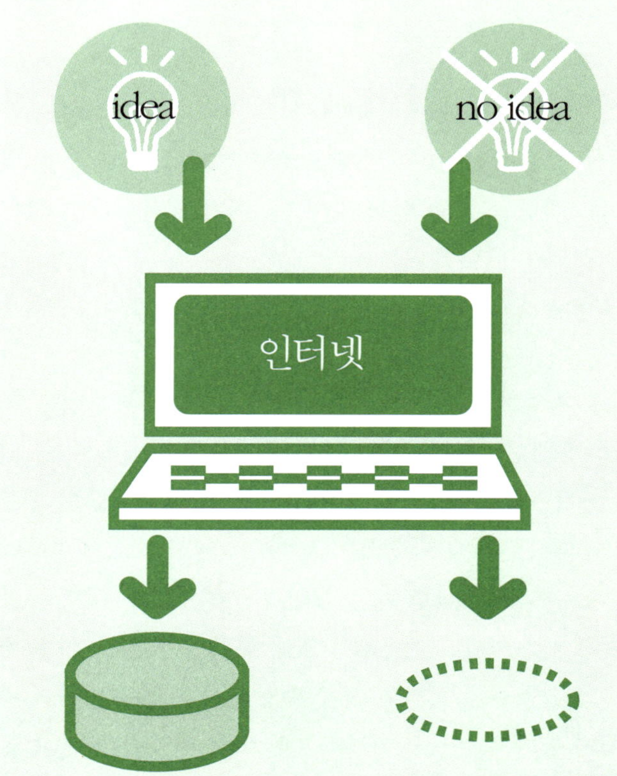

인터넷에서 나만의 키워드를 입력하여
아이디어의 씨앗을 뿌린다.

17 아이디어 메모법

아이디어가 떠올랐을 때는 가능한 한 그 자리에서 메모하는 습관을 들이도록 하자. 산책 중에 아이디어가 떠오르면 잠시 쉴 만한 곳을 찾아내 재빨리 메모할 것, 달리는 전철 안에서 아이디어가 떠올랐다면 역을 벗어나기 전에 바로 메모하는 식이다.

따라서 아이디어가 떠오르면 바로 기록할 수 있도록 노트나 수첩을 늘 휴대하자.

휴대전화로 촬영한 뒤 까맣게 잊어버리는 디지털 메모법은 조금 곤란하다. 기록한 내용뿐만 아니라 발견 당시의 기분까지 기록할 수 있다는 점에서, 손으로 직접 쓰는 메모만큼 좋은 것은 없다. 휴대전화의 메모장도 효과적이지만 아무때나 펼쳐보기 쉽다는 점에서는 역시 노트가 편리하다.

아이디어를 노트에 메모할 때는 머릿속에 떠오르는 대로 무조건 기록하는 것이 좋다. 그것은 재미있는 제목 또는 이름이 될 수도 있고 때로는 상황이나 콘셉트와 관련한 아이디어가 될 수도 있으며 개선책이나 방법론에 관한 아이디어가 될 수도 있다. 기본적으로 이런 정보를 자신이 활용하기 쉬운 방법으로 메모해 나가면 된다.

즉 발견한 아이디어를 따로 구분하지 말고 모조리 기록해 나가는 것이다.

'야한 이야기'든 '경제용어'든 구별하지 말고 기록으로 남긴다!

이런 키워드들이 서로 상승 작용을 일으키고 조합하면서 전혀 예상치 못한 아이디어의 핵융합을 일으키는 경우도 있다.

아이디어의 좋고 나쁨, 우열을 가리지 말 것, 이것이 바로 기획안 작성의 원칙이다.

머릿속에 떠오른 아이디어는 이른바 '소재'다.
기획이라는 작품으로 요리할 때 어느 것이
중요한 역할을 해낼지는 아무도 모른다!

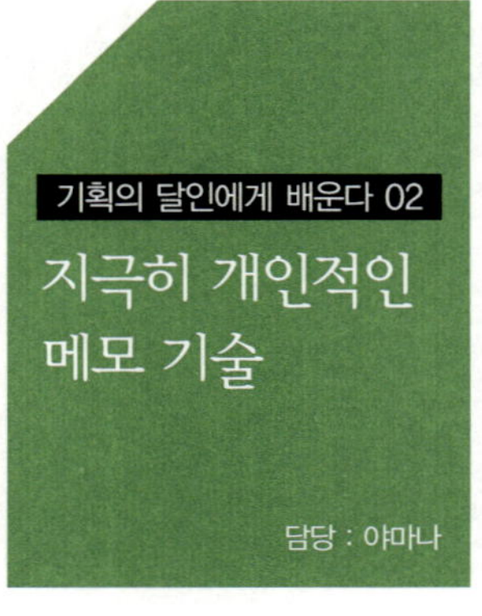

지극히 개인적인 메모 기술

인간은 망각의 동물, 지금은 기억하고 있는 것도 시간이 지나면 잊어버린다. 반드시 기억해야지, 다짐했던 것도 깨끗이 잊는다. 갑자기 떠오른 착상이나 아이디어일수록 더 심하다. 모처럼 떠오른 기획의 씨앗들도 마찬가지다. 그런데 잊어버려서 억울한가 하면 그렇지도 않다. 뭔가 그럴듯한 생각을 떠올렸다는 흔적만은 남아 있다. 그게 뭔지는 통 기억이 나지 않는다. 따라서 아이디어가 반짝 떠오르면 즉각 메모해두는 것이 중요하다. 뭐든 상관없다. 음미는 나중에 천천히 하면 된다! 잊어버릴 정도라면 그리 대단한 것도 아니라는 사람도 있지만 그건 어디까지나 천재들의 변명이거나 자신의 기억력에 대한 단순한 화풀이다. 메모는 하는 것이 좋다. 아니, 반드시 해야 한다. 적어도 내 주변의 인물들, 특히 기획 업무에 오랫동안 종사해온 사람들은 대부분 메모광이다.

현재 내가 사용하고 있는 수첩은 몰스킨이라는 회사 제품으로, 속지는 칸이 쳐지지 않은 백지를 이용한다. 자유롭게 메모하기에 제격인데 대개 세 종류를 기록한다.

① 현재 담당 중인 방송과 관련한 메모
② 키워드나 착상
③ 기획 구성회의 중에 기록한 메모

대체로 이 세 종류의 메모를 시간대별로 차례로 기록해 나간다. 따라서 ① 뒤에 ③이 오기도 하고 그다음에 ②와 ①이 오기도 해서 내용이 뒤죽박죽이다. 좀 더 보기 좋게 정리할 수도 있지만 현재로선 이 방법이 제일 편하다.

실제로 기록해둔 내용 일부를 소개하면 다음과 같다. 다만 ①은 공개하기 곤란한 내용도 있어서 ②와 ③만 살펴보겠다.

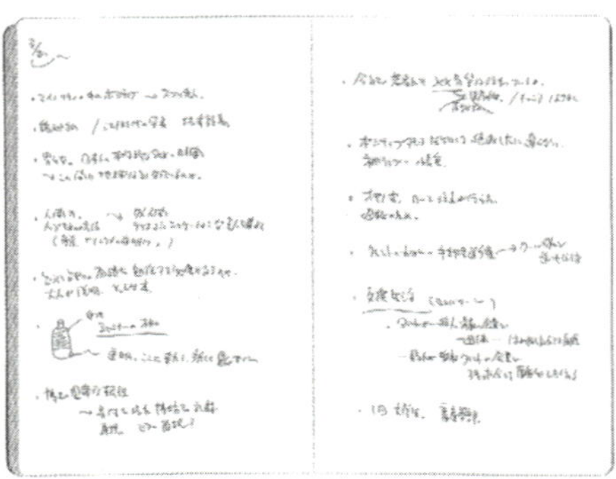

②와 관련한 메모.

내용은 따로 구분하지 않고 닥치는 대로 기록한다.

어디선가 보거나 들은 단어, 키워드도 있다. 책을 읽다가 떠오른 착상도 있고 어느 날 갑자기 하늘에서 떨어진 듯 훌륭한 아이디어도 있다. 이중에서 80퍼센트는 쓸모가 없지만 나머지 20퍼센트는 도움이 된다. 쓸모없는 80퍼센트도 언젠가는 쓰임새가 있겠지 하는 믿음으로 착실하게 메모해 나간다.

나는 걸어 다닐 때 착상이나 아이디어가 의외로 잘 떠오르는데, 바로 입력할 수 없는 경우도 많다. 이럴 때는 휴대전화에 키워드 하나만 간단히 입력해두고 나중에 정리한다. 얼마 전에 내 휴대전화 메모장에 입력해둔 '하마 대소', '걱정무용'이라는 단어. 무슨 뜻일까? 그러나 이 정도로 충분하다.

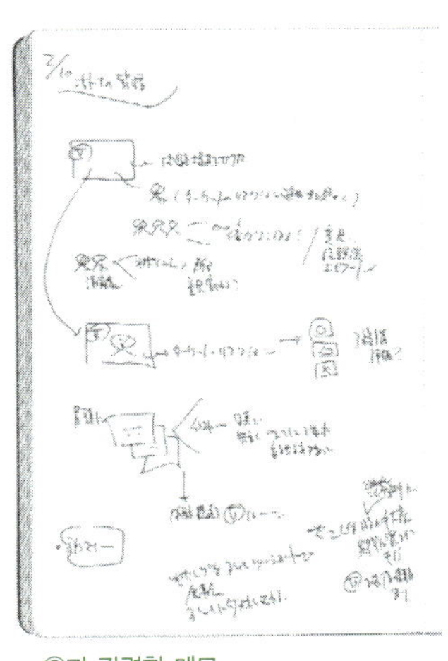

③과 관련한 메모

③과 관련한 메모로, 새로운 기획회의 중에 기록한 것이다. 프로그램 내용은 거의 결정된 단계이며 구성에 대해 논의하던 시기다. 회의 중에 생각을 정리하기 위해 주로 그림을 이용한다. 특히 프로그램 구성 등의 '흐름'을 생각할 때 효과적이다. 언젠가 모 제작자가 기획회의 중에 그림 콘티를 열심히 그리는 모습을 보고 멋지게 보여서 흉내 내기 시작했는데, 유감스럽게도 의도했던 폼은 실패했지만 덕분에 새로운 메모 스타일을 익혔다.

회의 중에 떠오른 관련 사항도 모두 같은 페이지에 기록해둔다.

이상이 나의 메모 스타일이다. 누구나 참고할 만한 최고의 메모법이라고는 할 수 없다. 이보다 훨씬 효율적인 메모법이 세상에는 숱하게 널려 있다. 그러나 절대적인 메모법, 최강의 메모 기술은 어디에도 없으리라 생각한다. 따라서 기존의 메모법 중에서 좋은 부분을 빌리고 그다음에는 시행착오를 거치면서 나에게 적합한 방법, 편한 메모법을 만들어내야 한다.

이것이 최고이자 최선의 메모법이다.

chapter 3

기획 발상법

01 아이디어 곱셈하기

2장에서 수집한 아이디어를 이용해서 기획하기, 즉 기획 발상법과 관련한 기술에 대해 살펴볼 차례다.

'기획의 씨앗'인 아이디어를 기획으로 키우기 위해서는 어떻게 해야 할까? 지금부터 소개할 기술을 이용해서 발상의 폭을 확대해보자.

먼저 아이디어를 곱셈하는 방법이 있다. 간단한 식으로 나타내면 다음과 같다.

(당신이 제출해야 할) 기획 아이템 × (지금까지 수집한 아이디어인) 키워드 = 기획안

구체적으로 설명하면 이렇다.

당신이 과자 회사로부터 '신상품을 기획해달라'는 요청을 받았다면, 다음 쪽 그림처럼 곱셈해 나간다. 이 과정에서 전혀 예상하지 못한 아이디어, 착상, 묘안이 떠오르고 기획안의 뼈대를 만들 수 있다.

말하자면 아이디어의 '표 메우기 곱셈'이다.

요령은 게임을 하듯이 재미 삼아 키워드 100개를 무조건 곱셈해보는 것이다. 100번을 하다 보면 하나 정도는 쓸 만한 것이 나오게 마련이다.

후지 TV가 제작했던 〈요리의 철인〉이라는 방송도 이 곱셈하기 발상으로 탄생한 기획이다.

요리 × 격투기(철인) = 요리의 철인

이처럼 의외의 조합으로 전혀 예상하지 못한 기획이 탄생하는 것이 아이디어 곱셈하기 발상법이다. 즐기면서 시도해보자!

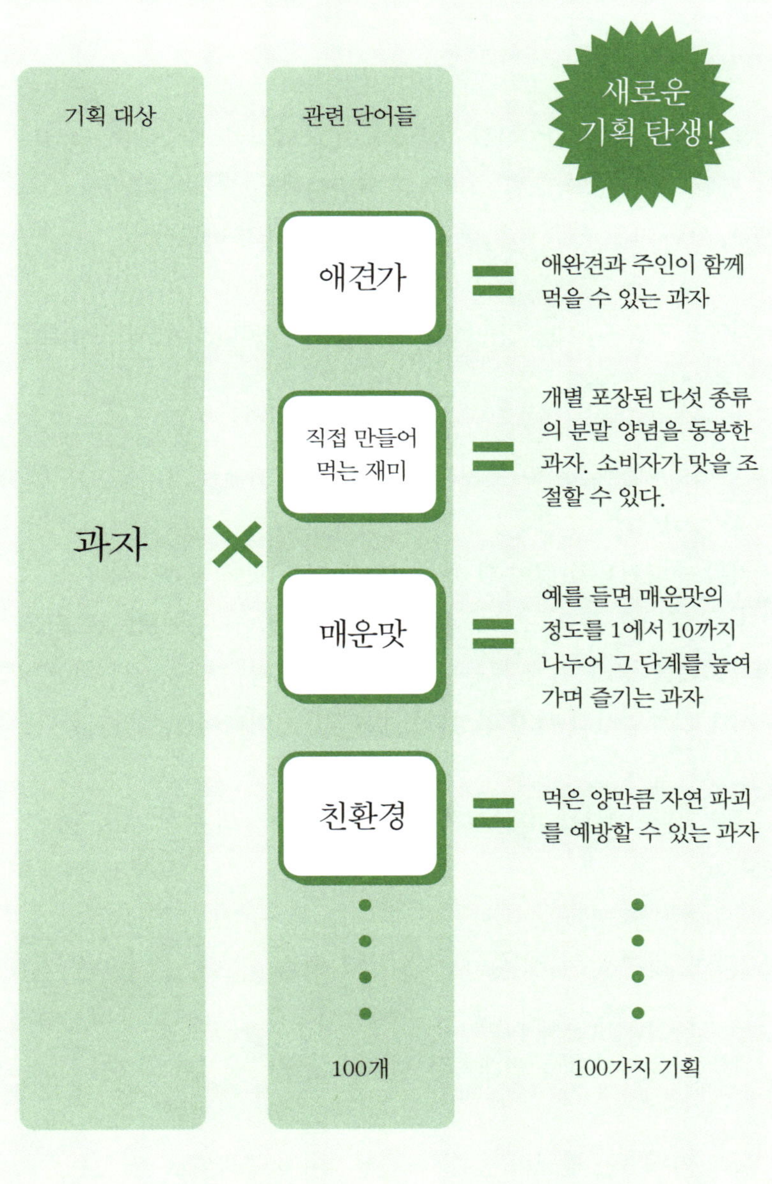
기획 대상
관련 단어들
새로운 기획 탄생!
과자
×
애견가
=
애완견과 주인이 함께 먹을 수 있는 과자
직접 만들어 먹는 재미
=
개별 포장된 다섯 종류의 분말 양념을 동봉한 과자. 소비자가 맛을 조절할 수 있다.
매운맛
=
예를 들면 매운맛의 정도를 1에서 10까지 나누어 그 단계를 높여 가며 즐기는 과자
친환경
=
먹은 양만큼 자연 파괴를 예방할 수 있는 과자
100개
100가지 기획

02 키워드 맞선 보기

　　흔히 뛰어난 기획은 이질적인 것들의 조합이라고 말한다. 그러나 이질적인 키워드를 머릿속으로 이리저리 짜맞춰봐도 좀처럼 그림이 그려지지 않는다. 이럴 때는 키워드 맞선 보기를 시도해보기 바란다.

　　임의의 키워드 2개를 나란히 놓고 연상되는 이미지를 현재 진행 중인 기획에 억지로 대비시켜본다.

　　'호텔의 새로운 서비스'라는 주제로 키워드 맞선 보기를 시도한 것이 다음 쪽 그림이다.

　　키워드 맞선은 여럿이 함께 즐기면서 하는 것이 효과적이다.

　　우선 구멍을 뚫은 조그만 상자 2개를 준비한다. 키워드를 적은 메모지 30~40개를 상자 안에 넣는다. 무작위로 제비뽑기를 해서 나온 키워드를 순서대로 배열하고 각자 연상되는 이미지, 아이디어를 이야기한다.

　　이때 키워드에서 이미지가 떠오르지 않으면 즉각 다음 키워드로 넘어가는 것이 중요하다.

　　키워드 맞선 보기는 '순발력으로 발상하기'이므로 끈질기게 매달려서 결과를 얻을 수 있는 것이 아니다. 인내보다는 순간적인 발상, 즉 빠른 속도로 키워드를 맞춰보면서 번개처럼 떠오르는 무엇인가를 찾아내는 것이 훨씬 효과적이다.

　　이때 키워드는 옆에 있던 잡지를 뒤적이며 무작위로 골라보면 재미있다. 의외로 기발한 아이디어가 나오기도 한다.

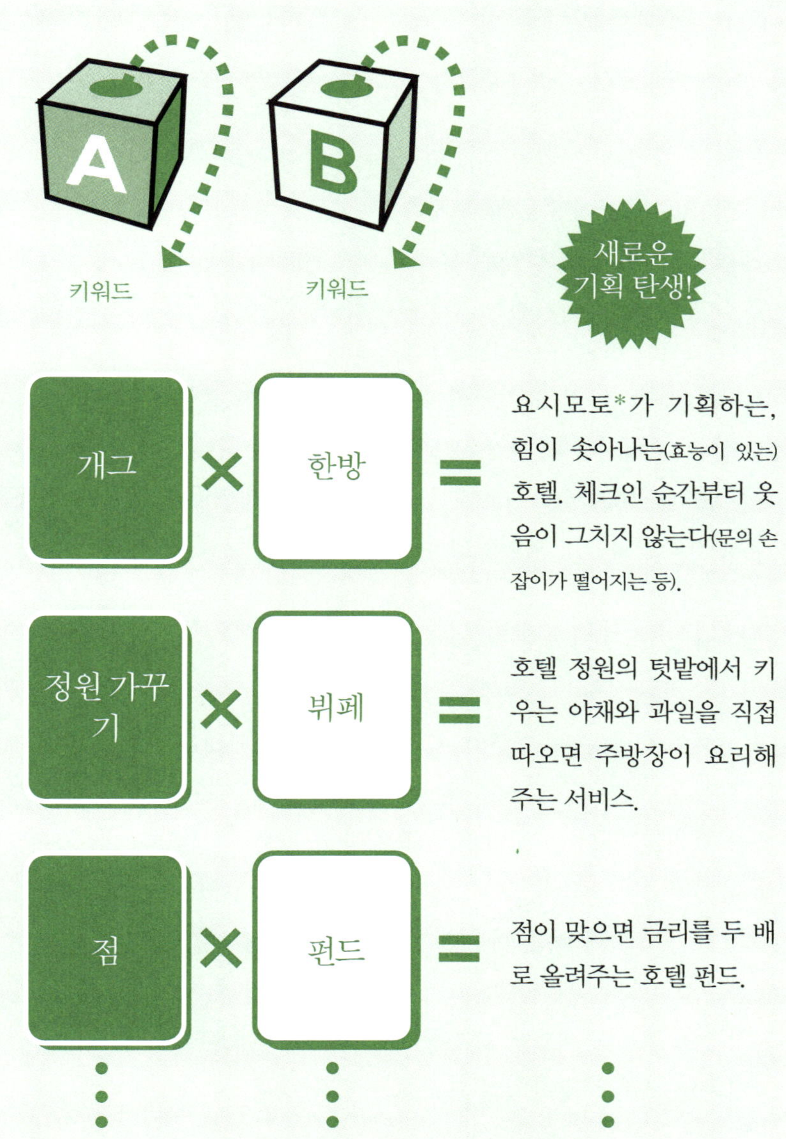

* 일본의 유명한 개그맨들은 거의 이곳 출신이라고 할 정도로 개그, 코미디 분야에서 실력을 발휘하고 있는 개그맨 양성학교-옮긴이.

곱셈하기나 맞선 보기 이외에도 '정반대로 발상하기' 기법도 효과적이다. 즉 기존의 기획을 인수분해해보자!

기획은 기본적으로 몇 개의 요소로 구성되는데, 이 요소를 정확하게 구분한 뒤 각 부분을 다른 키워드로 교체하거나 각색하면 완전히 새로운 기획이 나오기도 한다. 이것이 기획의 인수분해다.

예전에 〈왕창 구매 대작전〉이라는 꽤 인기를 끌었던 가족 프로그램이 있었는데, 일반 가정을 대상으로 참가자를 모집한 뒤 예산 내에서 가전제품(가격은 모르는 상태에서)을 고르고 오차가 5천 엔 미만일 경우에는 제품을 모두 공짜로 제공하는 기획이었다. 이 기획을 인수분해하면 다음과 같다.

'구입한 상품'의 '합계'가 '일정한 범위 내'일 경우 '전부 선물'.

이 기획의 각 부분을 다른 키워드로 교체하면 완전히 새로운 프로그램으로 기획할 수 있다. 눈치 빠른 분들은 알아차렸겠지만, 구입한 상품 부분을 주문한 요리로 바꿔 탄생한 프로가 지금도 높은 시청률을 자랑하는 〈빙글빙글 나인티나인〉이라는 프로그램의 '잘 먹겠습니다!' 코너다.

각 부분을 교환할 때는 다음 3가지 방법을 참고하자.

- 기존의 부분을 전혀 다른 키워드로 바꾸는 방법
- 기존의 부분에 새로운 요소를 추가하는 등의 개조법
- 기존의 부분을 정반대의 요소로 바꾸는 방법

퍼즐을 맞추듯이 기획을 이리저리 분해해보면 원래의 기획과는 비슷하면서도 어딘가 다른 새로운 기획이 탄생한다.

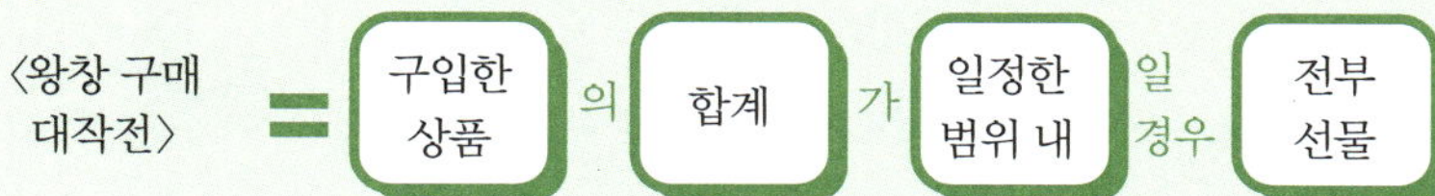

분해한 각 부분을 교체하면…

04 기획의 온고지신

사람들이 다들 '한물갔다, 구식이다, 흔해빠졌다'며 지나치는 그때 그 시절의 기획들. 그러나 이런 낡은 기획도 먼지 쌓인 선반에서 끄집어내 깨끗이 청소한 뒤 요즘 유행하는 아이디어로 곱셈해보라.

이것이 바로 기획의 온고지신이다.

예를 들어 일본의 국민 만화라고 할 수 있는 〈사자에상(サザエさん)〉에 등장하는 주류 판매점 주인이 하는 일을 온고지신해보자. 그는 정기적으로 단골손님 집을 돌며 주문을 받고 배달까지 해주는데, 이 1950년대식 서비스에 인터넷이라는 아이디어를 곱셈하면 '인터넷 주문 배달'이 성립한다.

단골집 주문, 배달 × 인터넷 → 인터넷 주문 배달

시대에 뒤떨어진 듯한 기획이나 이미 완성된 작품으로 치부하던 기획도 새로운 아이디어를 곱셈해보면 새로운 면을 발견할 수 있다.

사람들이 베끼고 흉내 내는 기획일수록 가장 보편적이고 단순하며 강렬한 메시지를 담고 있다.

요컨대 많은 사람들이 지지하고 성원을 보낸 덕분에 보편성을 얻을 수 있었고 그런 보편성으로 인해 시대와 상관없이 여러 번 복제되다 보니 신선함을 잃었을 뿐이다. 따라서 과거에 성공한 기획들의 튼튼한 '틀'은 그대로 베끼고 앵글만 바꿔도 얼마든지 새로운 기획을 만들어낼 수 있다.

주변의 흔해빠진 기획도 '더 이상은 어렵다'고 지레 포기하지 말고, '주목'해보자. 대중적인 기획일수록 요즘 유행하는 모양으로 다듬으면 참신한 내용으로 탈바꿈시킬 수 있다.

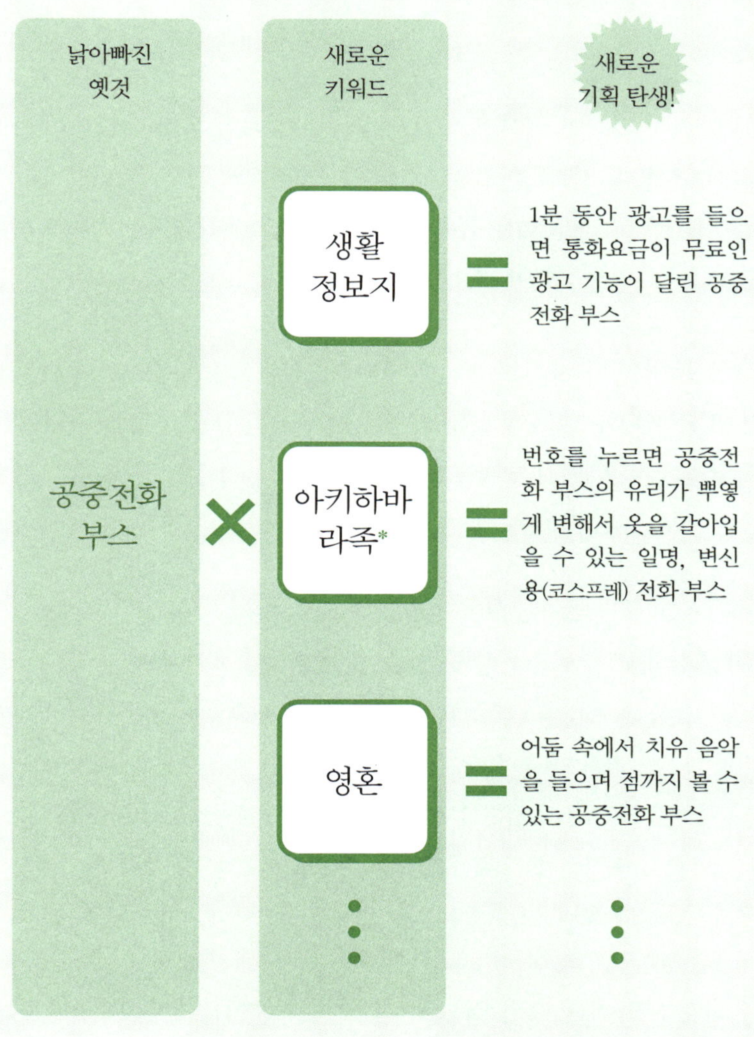

* 아키바족(アキバ族)이라고도 하며 일본의 전자상가, 아키하바라 지역에 모이는 오타쿠들 중에서도
만화나 게임, 코스프레, 동인지, 모형 등을 취미로 하는 사람이나 문화를 가리키는 속어―옮긴이.

05 위화감 만들기

사실 잘 다듬어진 매끈한 기획보다 어딘가 거친 듯한 위화감이 느껴지는 기획이 더 좋다.

잘 다듬어진 완성도 높은 기획보다 어딘가 위화감을 풍기는 기획이 오히려 사람들을 끌어들이는 매력이 있다.

예를 들면 와다 아키코(큰 키만큼이나 거침없는 행동, 독설로도 유명한 여성 가수. 일본 연예계에서 대모로 통할 만큼 영향력이 크다-옮긴이)와 부잣집 따님이라는 키워드를 조합하면 왠지 위화감을 느낄 것이다.

그렇다면 이런 기획도 가능하다.

와다 아키코 × 부잣집 따님 = 귀여운 와다 아키코 → 위화감

[해설] 프릴이 잔뜩 달린 공주 드레스를 입은 와다 아키코가 고명하신 선생님의 수업을 들으며 내내 야단맞는다(평소 후배들에게 훈계를 늘어놓는 와다 아키코지만)는 기획. 언제나 강한 이미지를 풍기는 여걸인 와다 아키코가 선생님에게 가르침을 청하며 연신 고개를 숙이는 장면에서 느끼는 위화감이 시청자의 흥미를 끌지 않을까? → 이런 설정을 발전시킨 기획이 TBS 방송의 〈개인교습-와다 아키코 인간 만들기〉라는 프로그램이었다.

위화감 만들기는 이런 식으로 대상과 전혀 어울리지 않는 이질적인 것, 대상에서 가장 거리가 먼 것들을 조합하면 연출하기 쉽다.

물론 조합한 뒤에 구체적으로 실현할 방법까지 연구해야 하나, 기획 초기 단계에 이런 위화감을 의도적으로 도입해보면 새로운 발상을 이끌어낼 수 있다.

새로운 스타일의 카페를 기획한다면…

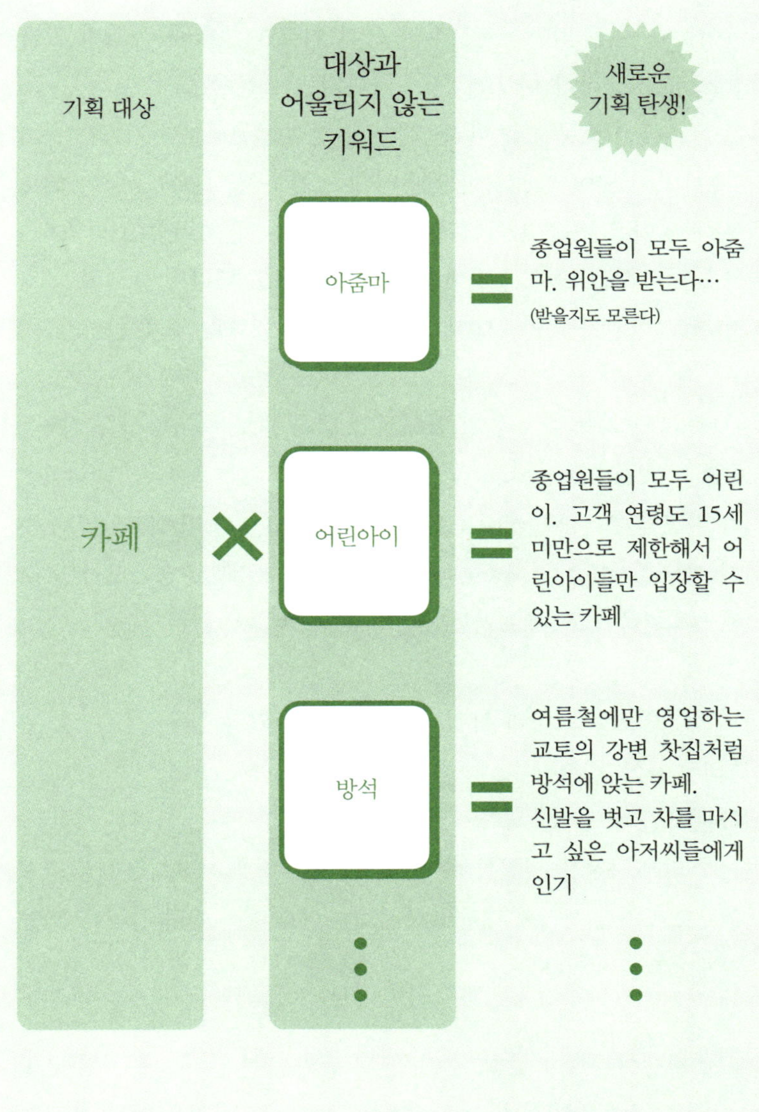

06 오락성 연출하기

아이들이 즐겨 먹는 '코알라의 행진'이라는 초콜릿 과자가 있는데, 눈썹이 그려진 코알라가 나오면 운이 따른다는 소문을 들어본 적이 있는가? 이것이 이른바 입소문으로 퍼지는 '도시 전설(실제로 눈썹이 그려진 코알라 과자가 섞여 있다!)'이 되어 판매량이 엄청나게 늘기도 했다. 이 방법이 히트하자, 상품 속에 모양을 조금씩 달리한 내용물을 한두 개 끼워넣어 의도적으로 도시 전설을 퍼뜨리는 판매 수법이 한때 유행하기도 했다.

이처럼 오락성을 도입해서 재미나 흥분을 배가시키는 기획 발상법도 좋다.

'보물찾기'라는 요소를 도입해서 호텔의 새로운 서비스를 기획한다면…

호텔 × 보물찾기

[해설] 호텔 객실에 티켓(보물)을 한 장 숨겨놓고, 당첨된 객실의 투숙객에게 호텔의 최상급 서비스를 제공한다는 특별 기획. 이 정보를 공개하지 않고 입소문만으로 퍼져나가도록 유도하는 것이 더 효과적이다.

'추리' 요소로 스티커 사진기 신제품을 기획할 경우…

스티커 사진 × 추리

[해설] 모종의 동작을 취할 때마다 감지기가 반응해서 특별한 서비스가 제공되는 스티커 사진기. 사진기에는 어떤 동작을 할 때 서비스가 제공된다는 설명이 없으므로 특정 동작에 대한 소문이 퍼져나갈 것이고 이것이 도시 전설이 되어 크게 히트할 것이다.

도시 전설이나 보물찾기, 추리, 공포 등의 소문은 무서운 속도로 퍼져 나간다. 이런 오락성을 기획에 활용하면 조금 색다른 기획을 만들어낼 수 있다.

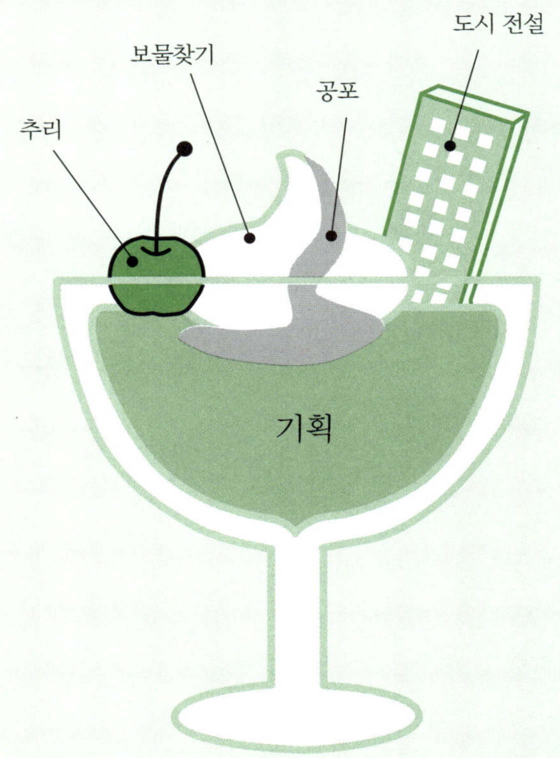

오락성을 가미하면
더욱 매력적인 기획으로 다듬을 수 있다.

07 '만약'을 생각하라

새로운 아이디어를 짜낼 때는 상상보다 '몽상이나 망상'이 더 효과적이다. 자유롭게 몽상을 펼치다 보면 기존의 관념, 선입견을 깨고 지금까지는 상상조차 할 수 없었던 발상을 떠올리게 된다.

망상이나 몽상이 효과적이라고 해도 막상 어떻게 해야 하는지 막막하다면 '만약'이라는 공식을 이용하면 된다. 즉 아래의 ○○부분에 100개 정도의 키워드를 차례로 대입시키다가 가능성이 엿보이는 키워드가 나오면 그때부터 몽상, 망상을 시작한다.

만약 ○○한 기획이 있다면?

만약 내 기획이 ○○한 상황에 처한다면?

구체적으로 설명하면 이렇다.

만약 '튀어나오는' 도시락 반찬이 있다면? → 뚜껑을 열면 입체 그림책처럼 반찬 통이 튀어나오도록 만든 도시락. 아이들이 좋아할 것이다.

만약 내가 기획한 보자기가 '시부야에 모인 사람들이 모두 구입하는' 상황이 벌어진다면? → 보자기를 패션 소품으로 활용하는 친환경 패션쇼가 벌어질지도 모른다! 그렇다면 액세서리용 보자기를 기획해보는 것은 어떨까? 등등.

몽상을 할 때 한 가지 명심할 것이 있다.

몽상 도중에 '이건 있을 수 없다'며 현실세계로 되돌아와서는 안 된다!

언젠가 모 방송국의 기획회의 중에 몽상하기를 시도했는데 제작진 중의 한 사람이 자기도 모르게 "그건 좀 무리…"라는 한마디를 했다가 제작자로부터 '당장 나가라!'는 호통을 들은 적이 있다. 즉 몽상이나 망상은 즐겁게 그리고 전력을 다해 시도할 것! 현실성에 대한 검증은 그다음의 일이다. 망상

과 동시에 현실성을 따진다면 더 이상 망상도 몽상도 아니며 참신한 아이디
어도 얻을 수 없다.

 세계관을 가진 기획

특별한 철학이나 세계관을 토대로 구상한 기획도 재미있다.

즉 서비스나 상품에 특별한 철학이나 세계관을 도입해서 이미지를 통일하는 기획법이다.

　　　　　　적인 세계관을 지닌 상품, 서비스 구상하기.

그런데 아무것도 없는 상태에서 상품의 철학을 만들어내기는 불가능하므로 기존의 세계관, 철학을 차용해서 기획해보자.

예를 들면 미야자키 하야오 만화의 철학, 세계관을 도입한 가전제품 시리즈는 어떨까?

TV나 DVD 플레이어를 풀과 나무 디자인으로 꾸밀 수도 있고 리모컨을 토토로처럼 푹신푹신한 모양으로 제작해서 손에 쥐면 변형되는 식이다. 냉장고에 사람이 자라고 있거나(이건 좀 심한가?).

이런 식으로 특정 세계관을 통해 이미지를 팽창시켜 나가면 색다른 아이디어를 얻을 수 있다.

독일의 그림(Grimm) 형제의 동화도 좋고 〈스타워즈〉나 〈뭉크의 절규〉 등 무엇이든지 좋으므로 기획에 활용하자.

어떤 시각에서 상품이나 서비스를 기획하느냐에 따라 기획 방향은 상당히 달라진다.

시각, 즉 세계관이 만들어내는 다양한 스토리를 즐기자!

새로운 가전제품을 개발해보자.

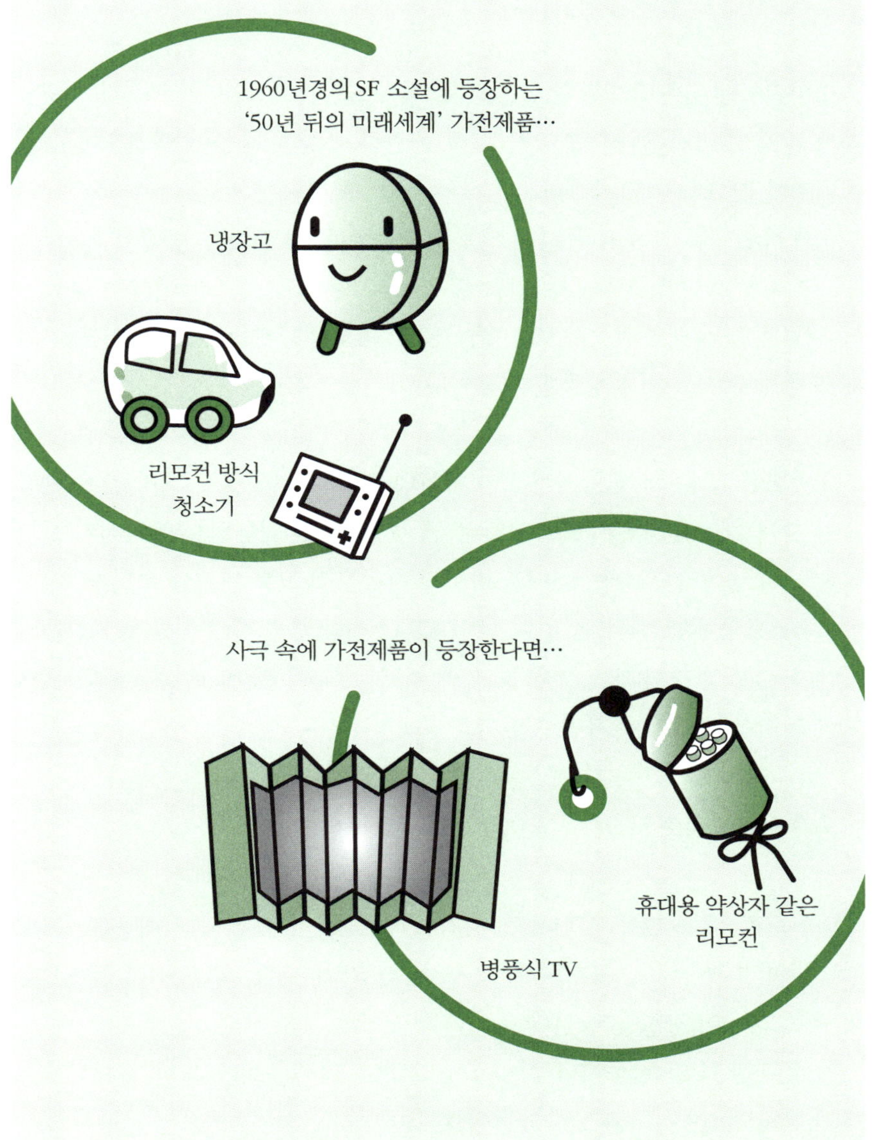

소비자들이 감정이입할 수 있는 상품, 서비스를 기획하는 방법도 재미있다. 즉 동정에 호소하거나 동질감을 느껴 응원하고 싶은 마음이 생기도록 상품 이미지를 만드는 기법이다.

구체적으로는 상품이나 서비스에 친숙한 이름을 붙이는 방법이다(이미지와 너무 동떨어진 이름은 강요하는 듯해서 역효과를 부른다). '낫짱'이라는 음료수가 대표적인 사례인데, 주변에 한두 명쯤 있을 법한 여자아이의 이름을 그대로 상품명으로 삼아 성공한 제품이다.

의인화를 조금 더 진행시켜 드라마처럼 만들어보는 것도 재미있다. 예를 들어 한때 선풍적인 인기를 모았지만 생산이 중단된 자동차를 부활시키는 기획을 구상 중이라고 하자. 이때 드라마형 자동차 광고를 기획할 수도 있다.

'나(자동차)에겐 아직 할 일이 남아 있다! 이대로 주저앉을 수 없다! 몸과 마음(엔진)을 완전히 개조해서 지금 막 컴백!' 식의 콘셉트로 개발이나 프로모션 전략을 진행해 나가면 어떨까?

즉 휴먼 드라마로 포장한 상품이나 서비스를 구상해보자.

의인화할 때는 많은 사람들의 지지를 받을 만한 보편적인 내용이 좋다. 이를테면 부활, 복수, 자기희생, 우정, 사제 간의 사랑, 계승, 미운 오리 새끼, 부드러움이 강함을 이긴다 등이다.

지금 개발 중인 상품이나 서비스에 드라마 형식을 도입해서 '나도 모르게 응원하고 싶은' 기획으로 만들어보기 바란다.

이런 콘셉트로 상품명을
아예 '만년 3위 맥주'로 하면 어떨까?

기획에 드라마 형식을 도입하면
소비자의 동정, 애착을 끌어내기 쉽다.

10 경쟁자의 입장에서 발상하기

어떤 분야든 경쟁자는 반드시 있다. 바로 이 경쟁자의 입장에 서서 기획하는 발상법도 기획의 가능성을 넓힌다는 의미에서 아주 효과적이다.

경쟁자의 시각으로 상황을 분석해보면 지금까지와는 다른 새로운 아이디어가 떠오르기도 한다. 말하자면 소극적 수비가 아니라 적극적 공세를 통해 기획하는 발상법이다.

예를 들어 전국 체인망을 거느린 도시락 회사가 경쟁자라고 할 수 있는 편의점 옆에 새로운 가게를 여는 전략적 기획을 세운다고 하자.

이 기획은, 경쟁자인 편의점이 어떤 식의 영업을 펼칠 때 내(도시락 회사)가 제일 곤란할까 궁리한 끝에 나온 것이라고 할 수 있다.

편의점은 시장조사를 철저히 하는 것으로 유명하다. 유동 인구를 치밀하게 조사한 뒤 고객 수가 어느 정도 확보되는 지역에만 체인점을 허가한다. 그런 편의점이 가장 싫어하는 일은 역시 고객을 다른 곳에 빼앗기는 것. 따라서 이 도시락 회사는 상대방이 싫어할 만한 행동을 의도적으로 시도했다는 이야기다.

왜냐하면, 상대방이 싫어하는 일 = (뒤집어 보면) 그곳에 기회가 있다!

당신이 만약 경쟁자의 입장이라면, 대기업이라면 무엇을 가장 경계할 것인가? 당신이 지금 한창 주가가 오르는 경쟁자라면 무엇을 가장 불안해할까? 이런 상상을 통해 뇌가 활성화되고 지금까지와는 전혀 다른 발상이 이루어진다. 즉 경쟁자의 시각에서 상황을 분석해보면 발상의 전환은 물론이고 기획을 구상할 때 결정적인 힌트를 얻을 수 있다.

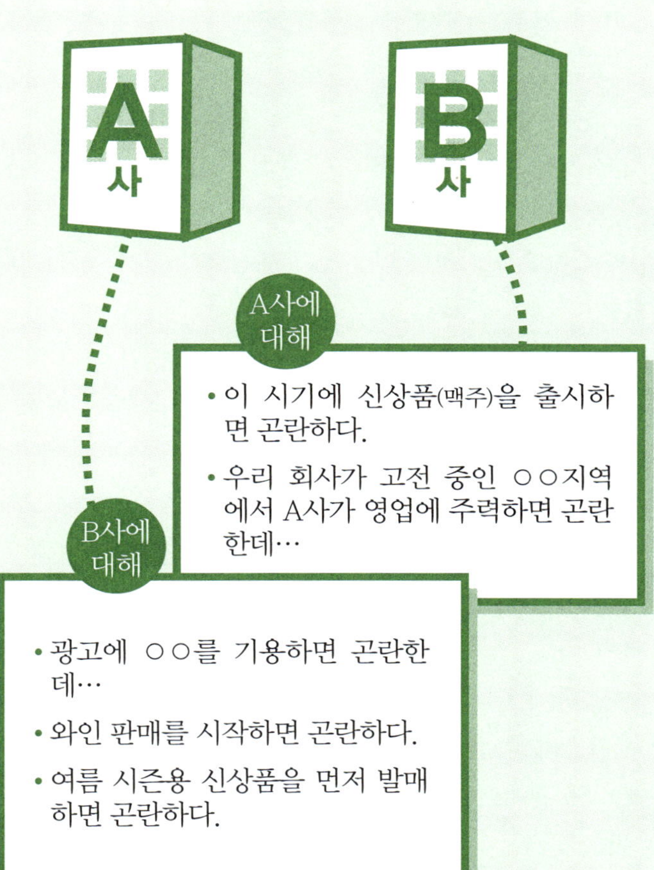
A
사
B
사
A사에
대해
• 이 시기에 신상품(맥주)을 출시하면 곤란하다.
• 우리 회사가 고전 중인 ○○지역에서 A사가 영업에 주력하면 곤란한데…
B사에
대해
• 광고에 ○○를 기용하면 곤란한데…
• 와인 판매를 시작하면 곤란하다.
• 여름 시즌용 신상품을 먼저 발매하면 곤란하다.
(상대방 입장에서) 우리 회사가 곤란해질 상황을 상상해보자.

11 물건(서비스)의 기분을 상상하기

현재 기획 중인 상품이나 서비스가 당신 자신이라면 어떤 기분일지 상상해보자.

휴대전화 신상품을 기획 중이라면, 휴대전화가 어떤 '불만이나 억울함을 느끼고 있을지' 상상해보자.

"이런 식으로 계속 홀대하면 나도 가만있지 않겠다! 아니지, 강한 것처럼 보이는 이 멋진 금속 체형이 문젠가? 털이 북슬북슬하니 햄스터처럼 귀여웠다면 주인님이 이렇게 내던지거나 하지 않을 텐데…. 좀 더 귀여운 얼굴로 낳아주면 어때서…."

"주인님의 얼굴 기름, 정말 속이 울렁거려요! 이렇게 기름이 잔뜩 묻어 있으면 거울 대용으로 이용하기도 어렵죠? 자, 기름기 바로 제거되는 화면으로 바꿔주세요!"

"1년 이상 한 번도 사용하지 않은 전화번호 메모리가 여기저기 잔뜩 끼어 있어서 거북해 죽겠어요! 제발 자동으로 정리되는 방법 없을까요?"

또는 스스로 휴대전화의 번호나 부품이라고 가정하고 번호들의 기분을 상상해보자.

"많고 많은 번호 중에 왜 하필 나만 눌러대는지… 모두에게 공평하게 활약할 기회를 달라!"는 식의 몽상도 가능하다.

이런 상상을 통해 제기된 불만이나 요구를 해소시켜 나갈 것인지 아니면 아예 강조할 것인지는 기획자에게 달려 있다. 어느 쪽으로 활용할 것인지도 연구해보자.

자신이 물건이라고 상상하고 불쾌하고 불편한 부분을 찾아낸다면 개선의 여지가 있다.

발상의 전환을 꾀할 수 있는 효과적인 방법이므로 기획을 구상할 때 활용해보자.

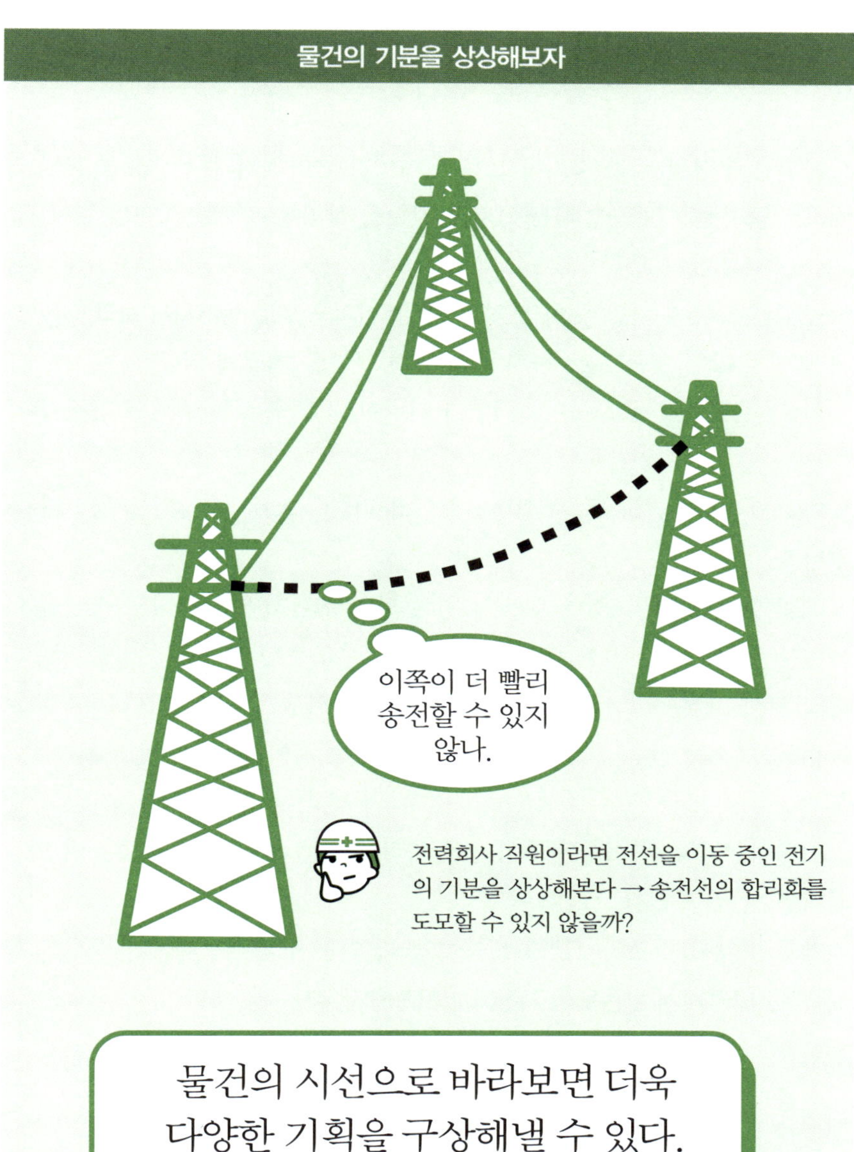

12 줌아웃하기

기획을 구상할 때는 자기도 모르게 시야가 좁아지기 쉬우므로 가끔씩 카메라로 줌아웃을 하듯 멀리 떨어져서 기획을 살펴볼 필요도 있다.

막다른 골목에 처한 듯이 보일 때는 한 발자국 뒤로 물러서서 보라. 지금까지 보이지 않던 것들 혹은 눈치 채지 못한 부분을 깨닫게 된다.
바로 이 부분이 새로운 아이디어나 기획이 나올 수 있는 미지의 영역이다.

화장품 광고 중에 '오늘 실연당했어요'라는 노래로 시작하는 광고가 있었다.
애인과 헤어진 뒤, 거울 앞에서 얼굴 마사지를 하며 독백하는 장면을 아름다운 영상으로 처리한 광고다. 재미있는 부분은 화장품에 초점을 맞추지 않고 자사 제품이 쓰이는 풍경을 영상으로 담아냄으로써, 즉 한 걸음 뒤로 물러서서 '재충전 = 새로운 나'를 강조했다는 점이다.

이처럼 시선을 줌아웃해서 대상을 바라보면 좀 더 세련되고 호소력 있는 기획을 만들 수 있다.
제품 자체를 강조하기보다 제품이 놓여 있는 세계, 즉 제품과 상황을 함께 묶은 패키지처럼 총체적 시점에서 기획을 세우자.

이를테면 콘셉트를 토대로 기획하기다.
줌아웃을 이용해서 기획을 더욱 세련되게 다듬어보자.

시선을 줌아웃하면 남들과
다른 시점으로 바라볼 수 있다.

13 제약을 활용하라

마지막으로 제약(조건)을 적극적으로 활용하는 기획 발상법이 있다.

여기서 말하는 제약은 경영진이나 고객이 제시하는 다양한 조건들로서, 구체적으로는 기획 대상이나 콘셉트, 예산, 일정표 등을 들 수 있다.

기획에 따르는 제약들에 지레 겁을 먹고 '이 콘셉트는 불가능하다', '이 예산으론 무리다'는 둥 불평부터 늘어놓는다면 이는 필시 기획을 구상하는 즐거움을 아직 깨닫지 못한 사람들이다.

기획자는 마조히스트들! 조건이나 제약이 많을수록 기획을 구상하기 쉽다.

사실 기획 전문가들의 입장에서는 '좋은 기획거리가 있으면 소개하라'는 식으로 막연하게 주문하는 고객이 제일 상대하기 어렵다. 그보다는 제약이 많은 기획, 즉 스트라이크 존이 정해져 있는 기획이 훨씬 구상하기 쉽다.

지금은 전설이 된 심야 오락프로, 〈전파소년〉은 사전 계획 없이 게릴라식으로 야외 촬영을 매일 강행한다는 제약(조건)으로 유명한 기획이었다. 이 제약 때문에 출연자들은 우선 '늘 야외 촬영을 할 수 있는 사람 = 현재 시간이 남아도는 연예인'이어야 했다. 결국 (지금은 중견 연예인이지만) 마츠무라 구니히로와 마츠모토 아키코가 캐스팅되었고, 이 '두 사람의 프로그램'이라는 제약에 맞추어 다양한 야외촬영 기획이 탄생했다.

내 프로젝트에는 어떤 제약들이 있는지 다시 한 번 살펴보자. 그리고 그런 제약에 가슴 졸이며 '가능한 기획'을 구상해보자. 이런 다양한 제약들이 때로는 제약 없는 자유로운 발상으로는 도저히 떠올릴 수 없는 기발한 기획을 만들어낸다.

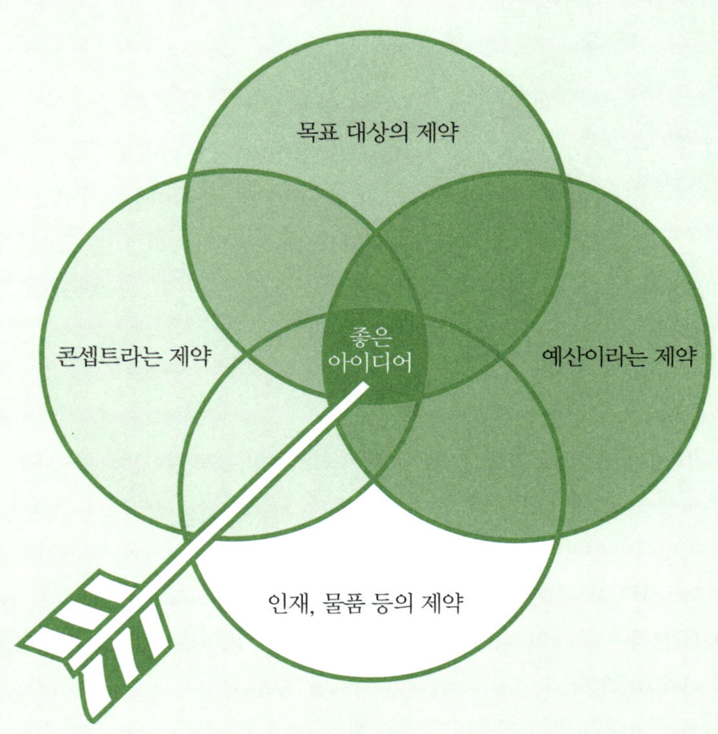

제약이나 조건이 확실한 기획일수록
핵심을 정확하게 파악할 수 있다!

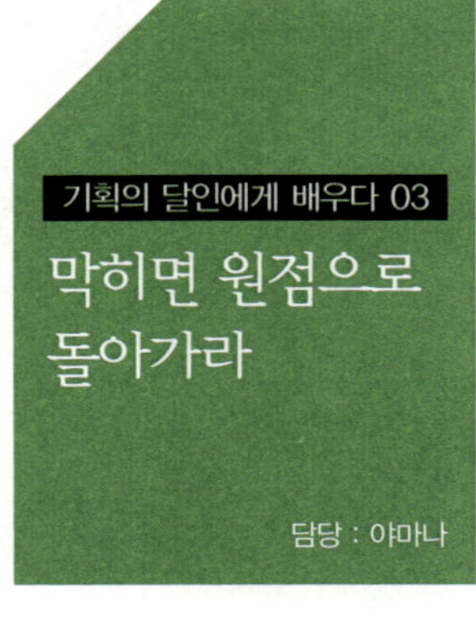

지금까지 몇 가지 기획 발상법을 살펴보았는데, 우리 방송작가들이 늘 이런 모범적인 방법으로 기획을 구상하는 것은 아니다. 기획을 하는 것은 이를테면 두뇌 작업이다. 앞에서 살펴본 것처럼 논리 정연하게 이루어지지는 않지만 자기 나름의 사고패턴에 따라 기획을 구상한다. 따라서 여기서는 보편적으로 통하는 발상법만 살펴보았다. 물론 이런 발상법으로 좋은 기획이 척척 만들어지는 것도 아니다. 그렇게 쉬운 일이라면 우리 기획자들도 매일 머리를 싸매고 고민하지는 않을 것이다. 기획하기는 결국 생각하고 또 생각한 끝에 나오는 작품이다. 발상법은 요술 지팡이가 아니라 생각하고 고민하는 당신을 도와주는 보조수단이다.

그런데 기획은 어떻게 탄생하는가?

내가 기획한 방송 중에 기획이 만들어지는 과정을 비교적 잘 알 수 있는 프로그램을 예로 들어 설명하겠다.

후지TV가 제작한 〈지금 일본이 이상하다! 아이들을 보호하라! 엄마들이 학교 측에 담판 제기, 교육 회복 스페셜!〉은 조금 과격한 제목이기는 하나 학교 교육에 관한 진지한 토론 프로그램이다.

100명의 일반인 엄마와 10명의 연예인 엄마들이 학교 교육에 대해 현역 교사, 교육 평론가, 정치가들과 함께 진지하게 토론하는 내용이었다. 기획 초기에는 '교육을 주제로 한 특별 방송'을 만들어보자는 주문이었는데 사실 학교 교육과 관련한 프로그램은 이미 나올 만큼 나온 상태라 내용이 조금씩 수정되어갔다. 즉 주제가 매력적이기는 하나 새로운 방식으로 접근하지 않으면 세간의 주목을 끌기는 어려운 상황이었다. 이런 고민을 하고 있을 때, 아내가 무심코 내뱉은 한마디가 힌트가 되어주었다.

"평론가나 정치가들이 학교를 바꿔야 한다느니 바꾸겠다느니 하며 떠들지만 정작 바뀔 즈음 내 아이는 졸업해버리는걸 뭐."

맞는 말이었다. 나는 지금까지 학교 교육에 관한 프로그램을 여러 편 기획해왔지만 한 번도 그런 생각을 해본 적이 없었다. 그러나 대부분의 엄마들은 그렇게 생각하고 있지 않을까?

사실 TV에 출연해 교육 문제와 관련해 열변을 토하며 토론하는 사람들은 대개 남성들이다. 그러나 실제로 학교라는 교육 현장을 거의 매일 접하는 사람은 엄마들이다. 그런데도 엄마들의 의견에 초점을 맞춘 프로그램은 지금까지 없었다. 이렇게 해서 엄마들의 관점에서 학교 교육 문제를 생각하자는 새로운 기획이 탄생했다.

기획을 다듬는 중에도 '엄마들의 시각'을 잃지 않도록 노력했다.

프로그램을 만들다 보면 어떤 식으로든 결론을 내리고 싶어진다. 그러나 여기서 안이하게 결론을 내리면 기존의 프로들과 다를 바가 없게 되며, 결론 또한 엄마들의 시각에서 보면 탁상공론에 지나지 않을 것이다. 결국 결론은 내리지 않고 지금까지 발언권이 주어지지 않았던 엄마들의 목소리를 담아내는 데 주력하기로 했다.

시청률로는 큰 성공을 거두었다고 볼 수 없지만 학교 교육이라는 주제를 새롭게 조명함으로써 교육의 회복에 조금이나마 공헌하지 않았나 싶다.

사실 완전히 새로운 기획은 그렇게 쉽게 나오지 않는다. 사람들의 흥미나 욕구를 자극하는 대상 자체도 한정되어 있으므로, 나는 기획을 구상할 때 '기존의 주제를 지금까지와는 다른 각도에서 잘라 볼 수 없을까?' 혹은 '기존의 주제 중에서 아직 다루지 않은 부분은 없을까?' 이 두 가지를 제일 먼저 체크한다. 바로 이때 지금까지 소개한 아이디어 발상법이나 기획 발상법이 위력을 발휘한다.

기획의 방향이 일단 정해지면 흔들리지 않도록 늘 원점을 상기하며 구상한다. 기획을 완성시키는 과정에서 절대로 잊어서는 안 될 부분이 바로 '원점'인데, 어렵게 떠올린 멋진 아이디어나 착상이 시시한 기획으로 전락하는 이유는 대개 이 원점을 잊어버리기 때문이다.

chapter 4

브레인스토밍 회의

01 브레인스토밍이란?

    지금까지의 과정으로 '기획의 원형'이 완성되었다고 볼 수 있다.

    그다음엔 이것을 잘 다듬어서 기획서로 작성하면 된다. 그러나 좀 더 훌륭한 기획을 원한다면 기획서를 작성하기 전에 팀 전원이 모여서 아이디어를 나누는, 이른바 브레인스토밍(brainstorming : 머릿속에서 폭풍이 일듯이, 자유로운 토론으로 창조적인 아이디어를 이끌어내는 기획 발상법−옮긴이)을 해보자.

    사실 방송작가들의 주요 업무 중 하나가 바로 이 회의, 여러 명의 작가와 제작자, 감독과의 공동 작업으로 이루어지는 브레인스토밍이다. 이 단계에서 기획안을 다양한 각도에서 분석하고 다듬어 완성시킨다. 즉 우리 방송작가들의 기획안 작성은 개인플레이가 아니라 팀플레이다.

    솔직히 방송작가들이 생각하는 기획은 개인의 자질, 공적 등과는 별 관련이 없다고까지 말할 수 있다. 한 사람의 아이디어란 결국 한계에 부딪히게 마련이다. 브레인스토밍을 통해서 동료의 아이디어가 더 좋으면 적극적으로 활용해서 기획을 다듬어 나간다. 요컨대 목표는 자기만족이 아니라, '조금이라도 더 좋은 기획을 만드는' 것이기 때문이다.

    브레인스토밍은 좋은 의미에서 타인의 아이디어를 공공연하게 훔칠 수 있는 절호의 기회이기도 하다. 아이디어는 완성품이 아니라 늘 미완성의 것이다. 브레인스토밍을 통해 다양한 사람들의 사고를 접하며 기획을 완성시켜보자. 더 나아가 자기 자신도 연마할 수 있기를 바란다.

브레인스토밍은 축구의 패스와도 같다.
누가 슛을 해도 좋다.
패스를 주고받으며 기획을 다듬자.

참가자 정하기

브레인스토밍은 참가자 선택이 무엇보다 중요하다. 참가자를 잘못 고르면 기획을 위한 브레인스토밍은커녕 잡담으로 끝나버리기 십상이다.

브레인스토밍 회의를 정기적으로 실시하는 회사는 드물다. 브레인스토밍에 익숙하지 않은 사람들은 우선 어느 정도 말이 통하는 동료를 참가자로 정하는 작업부터 시작하자. 그런데 자신 있는 분야가 제각기 다를 것이므로 브레인을 선택할 때는 먼저 동료들의 능력을 제대로 파악한 다음에 해당 기획에 적합한(다시 말해 기획에 대해 자신의 의견을 정확하게 제시할 능력이 있는) 참가자들을 모으는 것이 중요하다.

같은 부서라는 이유로 혹은 친밀한 관계라는 이유로 참가자로 끌어들였다가는 아이디어를 제대로 가공할 수 없는 경우도 발생한다. 언제든 참가자를 교체할 수 있다는 유동적인 자세도 필요하다.

이성을 참가시킬 수도 있고 전략적으로 약하더라도 젊은 층을 참가시키는 것도 중요하다. 이성은 이성의 관점에서 발언해줄 것이고 젊은 세대는 엉뚱한 의견(이를테면 '임금님은 벌거숭이잖아!' 식이다)을 내놓기도 하므로 눈이 번쩍 뜨이는 경험을 할 수 있다.

기획을 제로에서 시작할 때는 역시 소수만 참가해 브레인스토밍을 시도하는 것이 유리하다.

하나의 화제를 가지고 토론하기에는 5명 정도가 적당하다.

많은 인원이 참가할 경우에도 우선은 소수정예의 참가자가 기획의 뼈대를 어느 정도 만든 다음에 다 함께 모인 자리에서 기획을 다듬어나가는 방식이 효율적이다.

전문가로서의 경험을 제시한다.

당신

젊은 세대의 참신한 발상을
접할 수 있다.

이성의 시점에서
기획을 조명해준다.

03 브레인스토밍의 규칙

브레인스토밍 회의를 할 때는 참가자 전원이 지켜야 할 몇 가지 규칙이 있다. 그중 제일 중요한 원칙은 타인의 의견을 절대로 부정하지 않는 것이다.

다른 사람의 발언에 대해 "업계 상식도 모른다", "그건 있을 수 없는 이야기다"라는 식으로 비판해버리면 누구도 자유롭게 의견을 개진하지 못할 것이다.

브레인스토밍에서는 의견을 듣는 이들 모두 '의견을 제시하는 사람의 협력자'라는 의식을 가져야 한다.

또 각각의 의견이 흐지부지 사라지지 않도록 다 함께 노력해야 한다. 이같은 배려가 있을 때 브레인스토밍의 효과도 높고 새로운 아이디어가 샘솟듯 나온다.

브레인스토밍에서는 전문가나 신입사원 모두 평등한 입장에서 토론할 수 있어야 한다. 한 사람이 의견을 내놓으면 다 같이 분석하고 검토하는 것이 중요하며 그런 과정을 거쳐도 쓸 만한 아이디어가 아닐 때는 다음 의견으로 넘어간다.

중요한 규칙이 또 하나 있다.

브레인스토밍에 '평론가'는 필요 없다는 것이다.

부정적인 발언은 물론이고 대안도 없이 평가만 늘어놓는 참가자가 있어서는 곤란하다. 브레인스토밍 회의는 참가자 전원이 서로 의견을 나누는 장이다. 비판만 하는 사람은 당연히 참가시킬 필요가 없다.

비판이나 평가는 브레인스토밍에
별 도움이 되지 않는다.

04 사전 준비

브레인스토밍으로 좋은 결과를 얻고 싶다면 사전 준비를 철저히 하자.

브레인스토밍의 주제를 참가자들에게 미리 통보하여 각자 충분히 준비를 하도록 한다.

회의 일정과 장소 등의 기본적인 사항 이외에도, 백지 상태에서 기획을 구상하는 일명 '기획의 씨앗을 찾는 브레인스토밍'인지, 기존의 기획(누군가의 기획 등)을 토대로 다양한 아이디어를 덧붙이는 '살 붙이기 브레인스토밍'인지도 정확하게 알려서 적절한 대비를 하도록 하는 것이 중요하다.

사전 준비를 아예 숙제로 내주는 방법도 있다. 브레인스토밍에서 논의하게 될 주제에 대해, 감상문이 아니라 참신한 아이디어를 원한다면 이런 취지까지 분명하게 참가자들에게 전달하여 미리 준비하도록 요청한다. 키워드도 좋고 단어 하나라도 상관없다. 토대가 마련되어 있으면 어디서든 대화의 실마리가 풀리게 마련이므로 기본적인 내용을 미리 준비하도록 하자.

참가자에 대해서도 미리 알려준다.

참가자들의 나이나 직책, 전문 분야를 어느 정도 파악한다면 '나만의' 아이디어를 준비하기도 쉽다. 전문가 자격으로 참가한다면 경험을 토대로 한 의견, 젊은 세대로서 참가할 경우에는 젊은이다운 참신한 의견과 최신 정보를 준비해올 것이다.

당신이 원하는 참가자들의 위치!

이것도 참가자들에게 정확하게 전달하길 바란다.

브레인스토밍 회의(공지 사항)

● 일시와 장소
시간 : 2009월 8월 25월 14:00 ~
장소 : 제2 회의실

● 주제
○○용으로 어떤 신상품을 기획할 수 있을까요?
다 같이 아이디어를 나눠봅시다!

● 준비할 것
아이디어 3개(키워드도 OK)
A4 용지에 정리해오시기 바랍니다.

● 참가자
○○, ××, △△, ◎◎, ☆☆, ◇◇씨

※ 브레인스토밍의 규칙

• 타인의 의견을 부정하지 말 것!

• 평론가는 필요 없습니다. 참가자들이 제시한 아이디어를 다듬
고 가공하기 위한 회의가 되었으면 합니다.

중요한 내용은 문서나 메일로 미리 전달해둔다.

05 브레인스토밍 실시

　브레인스토밍은 참가자 전원이 서로 의견을 나누는 장이므로 한 사람씩 숙제(아이디어나 의견)를 발표하는 방법도 좋다. 발표 내용을 듣고 참가자들이 '그렇다면 이런 것도 가능하지 않을까?' 혹은 '만약 실현된다면…' 하는 식의 새로운 아이디어나 상상을 떠올릴 수 있을 것이다.

축구공을 패스하듯이 목표 지점을 향해 각자 아이디어를 주고받는다.

　회의에서는 이런 이야기의 '흐름'을 만들어내는 것이 중요하므로 진행자는 이 부분을 명심하고 회의를 진행시켜야 한다.

　그런데 회의를 하다 보면 이런 흐름을 깨뜨리는 사람이 꼭 한두 명은 있게 마련이다. 엉뚱한 말로 자기주장을 펼치는 사람(엉뚱함과 참신함은 다르므로 주의하자!)도 있고 토론 내용이 간신히 정리되기 시작했는데 느닷없이 "하필 지금 그런 이야기를 하느냐!"며 찬물을 끼얹는 사람(사실은 흐름을 깨뜨리며 자기주장을 펼치고 싶을 뿐이다!)도 있다.

　이럴 때는 회의를 진행하는 사람이 나서서 정리한다. 이때 판단을 잘못하면 회의는 하염없이 길어지고 아무런 결과도 얻지 못한 채 끝난다.

　진행자는 참가자들의 발언에도 세심한 주의를 기울여야 한다. **의견이 없어서 입을 다물고 있는 건지 혹은 단지 경험이나 지식이 부족해서 발언하지 않는 건지 재빨리 파악해야 한다.** 만일 후자라면 자연스럽게 운을 뗄 수 있도록 도와준다. 신참들은 처음에는 이런 회의 분위기에 익숙지 않아서 쉽게 끼어들지 못하지만 차츰 이런 브레인스토밍을 통해서 실력이 늘게 된다. 참가자를 성장시킨다는 생각으로 브레인스토밍을 즐기길 바란다.

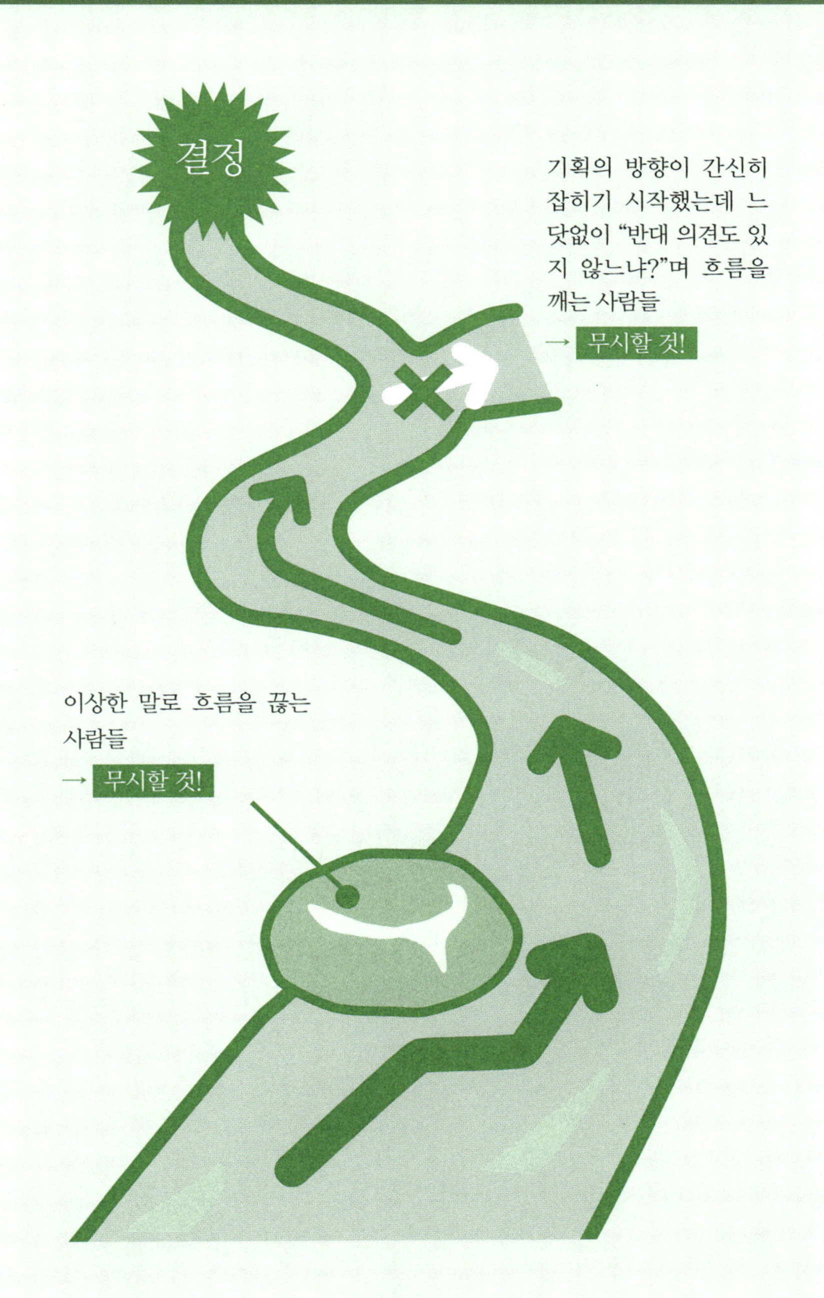
결정
기획의 방향이 간신히 잡히기 시작했는데 느닷없이 "반대 의견도 있지 않느냐?"며 흐름을 깨는 사람들
→ 무시할 것!
이상한 말로 흐름을 끊는 사람들
→ 무시할 것!

진행자의 역할

회의 진행자가 중심을 잡지 못하고 이리저리 흔들린다면 최악의 회의가 되고 만다. 회의에서는 주도권을 쥐는 사람이 반드시 필요하다.

"그럴듯한 기획이 없을까? 재미있는 아이디어가 없나?" 하는 식으로 회의를 진행한다면 참가자가 아무리 많아도 좋은 결과를 기대할 수 없다.

만장일치로 합의가 이루어지는 회의는 재미도 없고 있을 수도 없다. 최종적으로는 한 사람이 판단을 내리게 마련이다.

다 함께 결정하려고 들면 토론 전보다 더 나쁜 상황이 벌어질 수도 있다.

참가자 다수가 '좋다'고 평가한 기획(우리는 이것을 '잘 보이는 기획'이라고 표현한다)은 뒤집어보면 아주 평범한 아이디어라는 증거다. 100명이 납득하거나 이해하는 '잘 보이는' 기획은 결코 참신한 기획이 아니다.

브레인스토밍은 '자유롭게 아이디어를 제시하는 시간'과 '스트라이크 존을 겨냥해 아이디어를 제안하는 시간'을 따로 설정하는 것이 좋다. 즉 자유롭게 다양한 아이디어를 구한 뒤에 스트라이크 존을 정하고 기획의 방향을 잡아나간다.

브레인스토밍이 후반으로 접어들면 최종 결정을 내리게 될 당신의 스트라이크 존을 향해 참가자들이 공을 던지기 쉽도록, 스트라이크 존을 명확하게 참가자들에게 제시하는 것도 중요하다.

회의에서 명심해야 할 또 한 가지는 바로 '결정하기'다.

나름대로 합격선을 정해두고 이 선을 넘으면 바로 '결정한다.'

이런 판단을 적시에 내리지 못하면 회의는 제자리를 맴돌게 된다.

이 과정에서 기획의 방향을 모색한다.

다양한 의견을 통해 기획의 방향이 결정되면
목표물을 향해 공을 던지도록 유도한다.

회의에서는 '결정하기'가 가장 중요하다.
나름대로 설정한 합격선을 넘어서면 바로 결정한다.

07 화이트보드 사용법

브레인스토밍을 실시할 때는 참가자들의 발언을 화이트보드에 기록하면서 진행하자. 대화가 요점을 벗어나거나 정리가 안 될 때, 참가자 전원이 화이트보드의 기록을 참고하며 '무엇이 핵심인지' 확인할 수 있기 때문이다. 즉 화이트보드 기록은 회의를 조감할 수 있도록 도와준다.

당신이라면 이렇게 중요한 서기 역할을 누구에게 맡기겠는가?
기록 작업을 가볍게 생각한다면 제일 신참에게 이 역할을 맡기지 않을까?

그러나 기록은 '지금 회의가 얼마만큼 진행되었는지, 어디를 향하고 있는지'를 보여준다. 따라서 회의의 흐름을 정확하게 읽을 수 있는, 경험이 풍부한 사람에게 맡겨야 한다.

우리는 AD들 중에 제2인자, 즉 '슈퍼 AD'에게 이 역할을 맡긴다. 그런데 이 슈퍼 AD는 그야말로 메모의 달인이라고 할 정도로 요점만 쏙쏙 골라서 회의 내용을 기록해준다.

간혹 초보 AD들이 기록하는 경우도 있는데 차이가 아주 뚜렷하다. 회의 흐름을 제대로 읽지 못해서 중요한 내용을 빠뜨리거나 중요하지도 않은 내용을 잔뜩 써놓기도 한다. 이런 경우에는 회의 진행이 매끄럽지 않다.

기획을 완성시키는 과정에서 기록 작업이 얼마나 중요한 역할을 하는지 명심하길 바란다.

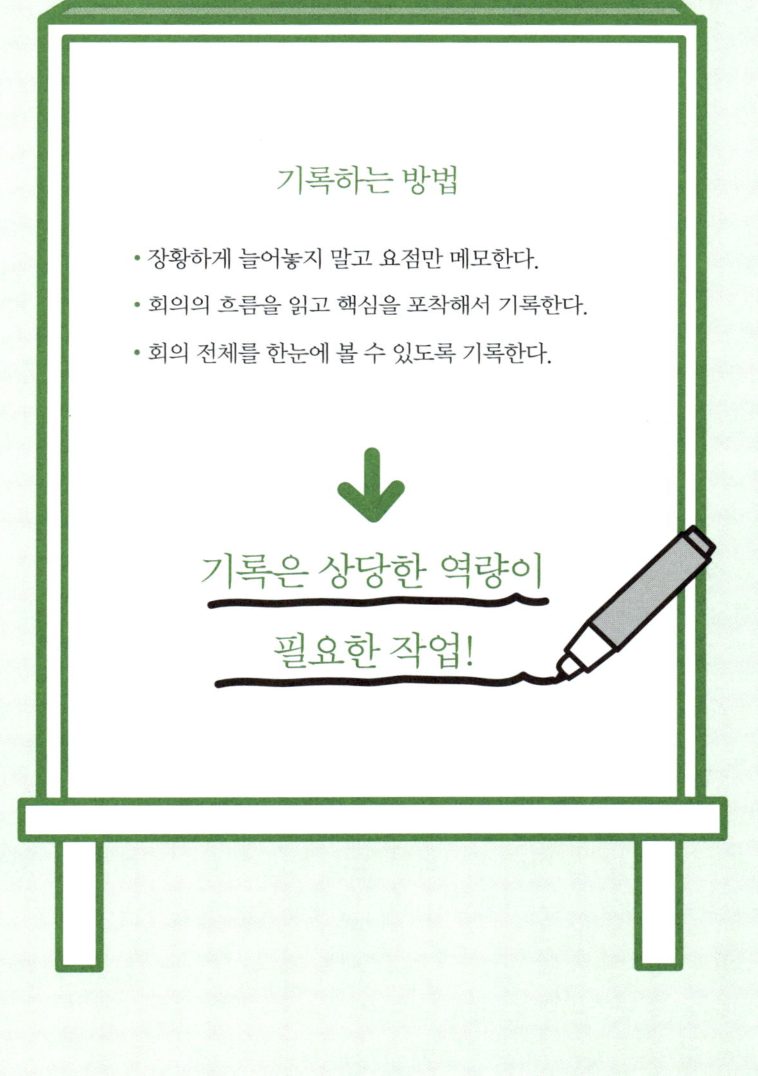
기록하는 방법

• 장황하게 늘어놓지 말고 요점만 메모한다.

• 회의의 흐름을 읽고 핵심을 포착해서 기록한다.

• 회의 전체를 한눈에 볼 수 있도록 기록한다.

기록은 상당한 역량이
필요한 작업!

08 브레인스토밍이 잘 풀리지 않을 때

참가자들 모두 열심히 노력해도 브레인스토밍이 제대로 이루어지지 않을 때가 있다. 회의 분위기가 정체되어 있을 때는 어떻게 할 것인가?

기본은 원점 회귀!

참가자들에게 "우리가 모인 목적이 무엇인가? 무엇이 재미있어서 여기까지 올 수 있었는가?"를 질문하고 처음으로 돌아가서 브레인스토밍을 다시 시도하자.

'줌아웃' 수법을 활용하는 것도 좋다. 지금 토론 중인 기획의 목적이 무엇인지를 한 걸음 물러서서 조망해보면 미처 깨닫지 못한 부분이 보이기도 하므로 새로운 돌파구로 줌아웃하기를 시도해보자.

그래도 해결되지 않을 때는 정반대의 아이디어나 의견을 찾아내서 분석하는 방법도 효과적이다. 참가자들의 아이디어에 대해 정반대의 발상을 제시하고, 그에 대해 토론하고 분석해보면 의외로 장단점이 분명하게 드러나므로 새로운 관점에서 기획을 다듬을 수 있다.

회의가 잘 풀리지 않을 때는 화제를 잠시 동결시키는 방법도 좋다. 기획과는 상관없는 이야기를 하는 사이 분위기도 바뀌고 힌트를 얻기도 하므로 잠시 쉬었다가 시도하는 방법도 효과적이다.

경우에 따라서는 아예 해산하는 쪽이 훨씬 효율적일 때도 있다. 회의의 주체는 어디까지나 참가자들이므로 그날의 컨디션이나 기분에 따라 브레인스토밍이 제대로 이루어지지 않을 때도 있다. 그런 분위기를 빨리 포착해 회의를 다음 날로 미루는 용기도 필요하다.

제일 중요한 것은 '지금의 분위기를 바꾸자'는 의식이다.

정체된 분위기를 해소하여 참가자들이 자연스럽게 브레인스토밍에 집중할 수 있게 한다.

쉬지 않고 회의를 진행하다 보면
분위기가 정체되기 시작한다.

원점 회귀
처음으로 되돌아가자.

줌아웃
한 발자국 뒤로 물러서서
바라본다.

정반대로 생각하기
반대 방향에서 들여다보자.

해산
회의를 아예 중단한다.

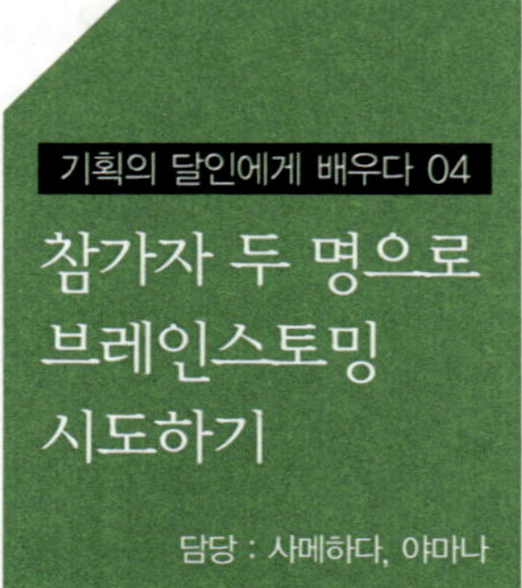

두 사람만으로도 브레인스토밍이 가능한지 도전해보기로 했다. 참가자는 사메하다와 야마나. 주제는 '슈퍼마켓의 고객 유치를 위한 새로운 기획'이다.

"슈퍼마켓의 경쟁자라면 역시 편의점이지!"

"그건 그렇고, 우리 남자들이 슈퍼마켓에 잘 가지 않는 이유는?"

"폐점 시간이 빨라서?"

"맞다!"

"24시간 영업하는 슈퍼마켓도 있지만 크게 성공했다고는 볼 수 없고."

"심야 시간대라면 역시 편의점이 편하지. 슈퍼마켓은 너무 넓어서 물건 찾기도 귀찮고."

"사실 요즘 편의점에는 뭐든지 다 있으니까 말야."

이런 식으로 둘이서 슈퍼마켓에 대해 느낀 점들을 생각나는 대로 말하면서 브레인스토밍을 시작한다. 그다음에 주제를 점점 더 확대시켜 나간다.

사메하다 편의점에 뭐든지 다 있다면, 반대로 슈퍼마켓을 특정 직업인들을 위한 특화된 가게로 만드는 방법은 어떨까? 이를테면 호스티스나 호스트들을 위한 슈퍼마켓 혹은 그들의 호기심을 자극할 만한 상품으로 가득한 슈퍼마켓….

야마다 매장 전체가 어렵다면 한 코너만 특정 상품으로 꾸미는 것도 재미있을 것 같다.

사메하다 택시 기사를 위한 진열대에 졸음 방지용 제품만 100여 종 구비해놓거나 코스타리카로 이주하고 싶은 사람들을 위한 상품 코너를 만드는 식은? 전혀 관계없는 사람들도 미지의 세계라는 부분에 흥미를 느끼지 않을까?

야마다 '신제품만 진열해놓는 코너'는 어떨까? 중소기업의 경우 새로운 제품을 내놓아도 소비자들에게 인지되기가 어렵지. 그런데 슈퍼마켓에 신제품만 진열해놓는 코너가 있다면 어떨까? 나라면 또 뭐가 새로 나왔나 궁금해서 슈퍼마켓으로 달려갈 것 같은데!
'두 배 더 촉촉해진 전병과자, 신발매!' 이런 과자가 진열되어 있으면 저절로 손이 가지 않을까?

사메하다 광고 간판도 다양하게 활용할 수 있어.

야마다 과자에 관해서는 ○○에게 문의하면 된다는, 일명 슈퍼마켓의 과자 박사라는 인물을 설정해두고 코너에 광고판을 설치해서 과자 박사가 추천하는 제품을 선전하는 거야.

사메하다 '1,000엔 균일!' 행사 같은 것도 좋지. '규격 봉투에 마음대로 채워서 1,000엔!' 하는 대회를 열고 1등에겐 공짜로 제공하는 거야.

야마다 주말마다 이런 행사가 열리면 비닐봉투 채우기 달인이 등장할지도 모르지.

사메하다 슈퍼마켓을 이용하지 않는 사람도 이런 특이한 달인들을 보기 위해 일부러 들를지도 모르잖아? 또 그들에게 도전하기 위해 열심히 연습하는 사람까지 나오지 않을까?

야마다 '일요일 한정, 60세 이상 부부가 쇼핑할 경우 30% 할인 행사!' 식의 반짝 세일은 어떨까? 슈퍼마켓에 가기 싫어하는 남자들도 끌어들일 수 있을 거야.

사메하다 부인들이야 남편과 함께 쇼핑하기 싫겠지만 할인해준다면 그 정도 수고는 아무것도 아닐 테고….

야마다 남자들은 쇼핑할 때 쓸데없는 물건을 꼭 한두 가지 사게 마련이니까. 대파로 충분한데 굳이 '쪽파여야 한다'며 우기거나. 부인이야 어처구니없지만 "오늘은 할인해주니까 그냥 넘어간다"며 아량을 베풀고…. 1차 베이비붐 세대가 퇴직하는 것을 대비해 슈퍼마켓을 부부가 함께 쇼핑하는 공간으로 꾸미는 방법도 좋지.

사메하다 '체력 단련용 슈퍼마켓'은 어떨까? 쇼핑 카트가 엄청나게 무거워서 밀기만 해도 운동이 되거나 웬만한 근력이 아니면 아예 개봉할 수도 없는 박스. 계산대를 경사진 통로 위에 설치해서 쇼핑 카트를 힘껏 밀지 않으면 계산대까지 가지도 못하거나. 이건 코미디 대본?

야마다 '체력 단련용 쇼핑 카트'라면 나도 재미로 한번쯤 끌어보고 싶은걸?

이런 식으로 가볍게 브레인스토밍을 시도하는 사이에 의외로 참신한 기획들이 탄생하기도 한다. 꼭 시도해보기 바란다.

chapter 5

기획안 검증

01 기획안 검증하기

브레인스토밍의 열기 속에서 기획안이 완성되었다면 그다음에는 검증 작업이 필요하다.

기획안 작성이라는 창조적인 작업과 비교한다면 검증하기는 조금 지루한 일이 될 수 있다. 그러나 기획이 제대로 실행되느냐 마느냐의 열쇠는 이 검증 작업에 달려 있다.

실패하는 기획을 보면 대개 검증을 제대로 실시하지 않아서 상대방의 요구를 오판하거나 예산이나 일정을 조절하지 못했기 때문이다. 따라서 기획을 검증하는 단계에 들어서면 다음 사항을 반드시 확인하자.

고객의 수요를 충족시키는 기획인가?
구상한 기획이 목표 대상의 수요를 충분히 반영하고 있는지 검증한다.

현장에 적합한 기획인가?
구상한 기획이 현장(상품 기획이라면 상품을 만드는 개발 현장, 서비스 기획이라면 접객 현장)에서 순조롭게 실행될지 세밀하게 검증한다.

현재의 시장에 적합한 기획인가?
똑같은 기획이 이미 나와 있지는 않은지 확인한다.

결정권자의 요구를 충족시키는 기획인가?
고객이나 상사가 제시한 조건(예산, 기획 방향 등의 제약)에서 벗어나지 않는지 검증한다.

아무리 좋은 기획이라도 위의 조건을 벗어나면 실행되기 어렵다. 검증 작업은 시간을 들여서 정확하게 실시하도록 한다.

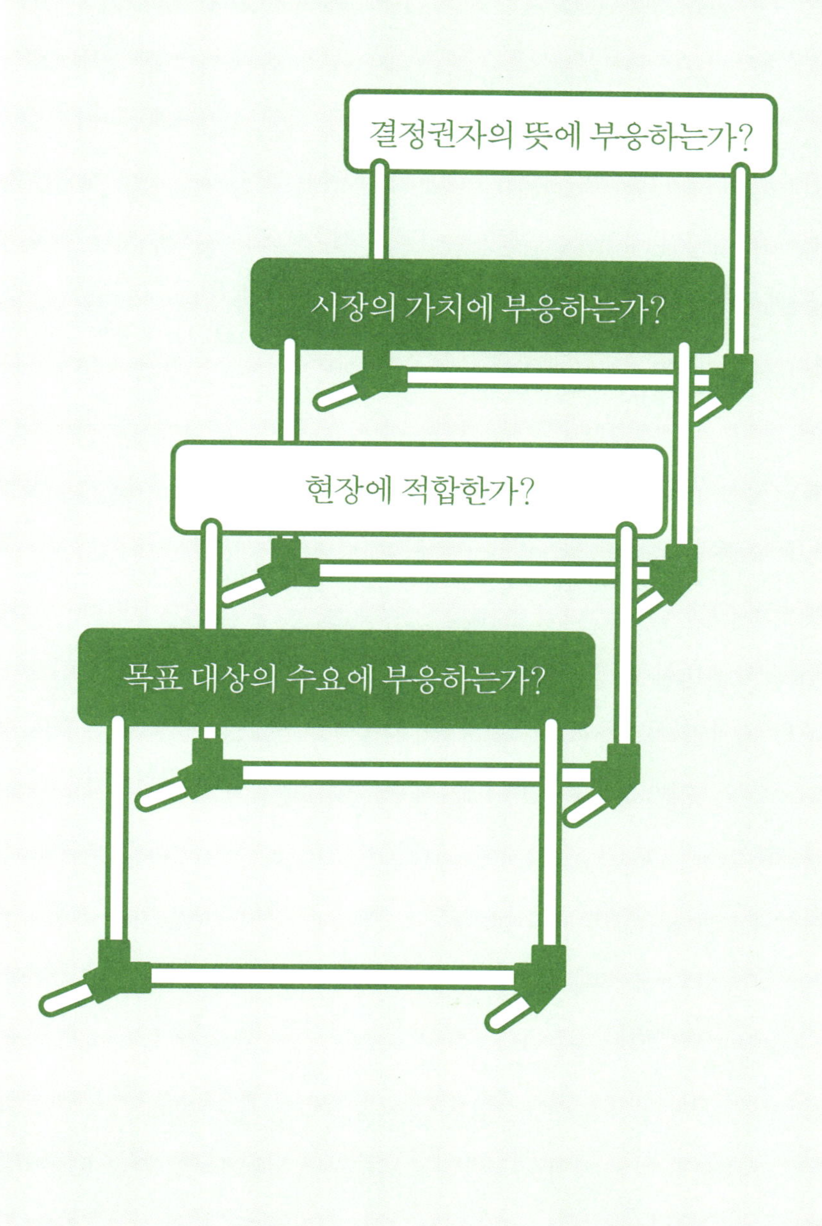
결정권자의 뜻에 부응하는가?
시장의 가치에 부응하는가?
현장에 적합한가?
목표 대상의 수요에 부응하는가?

02 탁상공론하기

가장 좋은 검증 방법은 시뮬레이션이다.

신상품 기획일 경우에는 제품이 어떻게 제작되고 슈퍼마켓이나 편의점에 어떤 식으로 진열되는지 그리고 어떤 고객이 언제, 어떤 목적으로 구매하며 또 어떻게 널리 알려지는지에 대해 머릿속으로 그려보고 동료들과 함께 두뇌 시뮬레이션을 시도해본다.

긍정적인 면과 부정적인 면 모두 시뮬레이션할 것.

실제로 기획을 실행하는 과정에서 벌어질 상황을 예상해보면서 기획의 위험성을 짚어봐야 한다. 문제점이 드러나면 어떻게 해소할 것인지도 모색하고 해결해 나간다.

일단 기획이 시작되면 거액의 돈이 움직이게 마련이므로 이때는 문제점을 해결하려고 해도 엄청난 손실을 막을 수 없다. 따라서 기획을 실시하기 전에 냉정하게 탁상공론하는 시간을 반드시 가져야 한다.

생각은 공짜다!

실제로 시도해보지 않으면 모든 문제를 짚어낼 수는 없지만, 가능한 한 이 시기에 위험한 요소를 예측하고 제거해야 한다.

철저하게 탁상공론을 시도하라는 이유도 좀 더 나은 기획을 만들기 위해서다. 실현할 수 있는 기획으로 만들기 위해서는 시뮬레이션을 철저하게 실시하고 검증해 나가자.

탁상공론

문제점이 보이면 얼마든지 수정할 수 있다.

기획이 시작된다.

기획에 허점이 드러나면 돌이킬 수 없는 손실로 이어진다.

03 수요 조사하기

탁상공론을 끝낸 뒤에는 현실세계, 즉 거리로 나가야 한다. 고객의 반응을 직접 확인하는 것이다.

수백 개의 통계자료보다 직접 얼굴을 보며 접하는 단 몇 명의 생생한 의견이 훨씬 더 정확하다. 살아 있는 목소리에서 뜻밖의 정보를 얻기도 하며 이를 참고했을 때 비로소 살아 있는 기획으로 다듬을 수 있다.

비용이 들지 않는 이 검증 단계에서 소비자들의 목소리를 참고한다면 기획의 수준도 한층 더 끌어올릴 수 있다. 다만 시장 수요를 조사할 때는 기획 담당자들이 무엇에 관해, 어떤 의견을 듣고 싶은지 정확하게 파악하고 있어야 한다.

예를 들어 "지금 당신이 원하는 것이 무엇인지 알려달라"는 식의 애매한 수요 조사를 실시해서 "우유 마시고 싶다", "한천국수 먹고 싶다"는 의견을 입수했다고 하자. 이 조사를 토대로 '한천국수 우유'라는 제품을 만들어봤자 팔릴 리가 없는 것처럼, 수요를 조사할 때는 주제를 구체적으로 설정해야 한다. '새로운 한천국수를 개발 중입니다. 이런 제품은 어떠십니까?'라는 구체적인 질문으로 수요 조사를 한다면 좋을 것이다.

단순히 의견을 듣는 일이라면 아무나 할 수 있고 또 소비자 의견을 100퍼센트 반영한다고 좋은 기획이 나오는 것도 아니다. 고객들의 수요에만 의지하다가는 시장에 널린 비슷한 상품을 또 하나 추가하는 데 그칠 뿐이다.

따라서 고객의 수요를 토대로 기획을 구상할 것이 아니라 자신의 기획을 시장의 수요에 맞추어 다듬는 것이 중요하다.

구체적으로 이미지를 제시하면
고객의 요구도
더욱 명확하게 알 수 있다.

04 현장 조사하기

　　살아 있는 기획으로 만들기 위해서는 현장에서 일하는 사람들의 목소리를 반영할 필요가 있다. 현장 전문가의 앵글로 기획을 들여다보면 기획자들의 발상으로는 떠올리기 어려운 참신한 아이디어가 나오기도 한다.

　　자동차 기획이라면 개발 현장의 엔지니어들이 도움을 줄 것이다. 레스토랑의 서비스 기획일 경우, 홀을 담당하는 직원이나 조리 담당 직원들이다. 현재 진행 중인 기획에 허점이 없는지, 개선할 부분은 없는지 질문해보자.

　　"기획 의도가 그렇다면 이런 것도 가능하다"는 아이디어나 의견 등 기술자로서 느끼는 플러스알파의 정보나 전문가가 아니면 지적하기 어려운 정보를 알려줄 것이다. 현장의 이런 발상까지 입수한다면 기획의 질은 더욱 높아진다.

　　현장에서 일하는 사람들의 의견을 구할 때는 당신의 구상이나 기획 의도를 구체적으로 제시해야 하며, 이렇게 얻은 귀중한 아이디어는 빠짐없이 기획안에 반영해야 한다.

　　그리고 또 하나, 현장에 직접 나가 살아 있는 정보를 입수해야 한다.

　　자료나 인터넷 정보로 모든 것을 파악했다고 생각하면 곤란하다. 이런 자료들은 어디까지나 가공된 일부 정보에 불과할 뿐 살아 있는 현장의 정보라고 하기는 어렵다.

　　현장을 제대로 반영하고 있는 기획, 현실 감각을 갖춘 기획을 완성시키고 싶다면 자신의 오감을 총동원해서 현장의 분위기를 파악해야 한다.

서로가 자극을 주고받는
상승 효과로 한 단계 수준 높은
기획으로 성장!

남의 흉내 내기가 아닌지 확인하자

내 기획이 다른 작품을 흉내 낸 것은 아닌지 검증하는 작업도 중요하다. 똑같은 기획이 이미 나와 있는 것도 모른 채 기획안을 제출하거나 남의 작품을 흉내 냈다는 사실조차 깨닫지 못한다면….

그야말로 자신의 지식 부족, 능력 부족을 만천하에 드러내는 것으로 기획자로서는 자격 미달이다.

이런 멍청한 일이 방송계에서도 자주 일어난다. 〈트리비아의 샘〉(후지 TV 제작, 널리 알려진 정보 중에서 실은 별 쓸모없거나 잘못된 내용을 찾아내서 트리비아의 샘에 수장하자는 심야 오락프로-옮긴이)을 본 적이 없는 건지 얼굴이 두꺼운 건지, 똑같은 기획안을 자신만만하게 제출하는 젊은 기획자도 있었다. 기본적인 정보조차 파악하지 못한 채 기획 일을 하다니, 나까지 얼굴이 달아오를 정도로 창피했다.

모르면 남의 흉내인지조차도 깨닫지 못하는 법. 기획자라면 자신이 몸담고 있는 업계에 대해서만큼은 철저하게 파악하고 있어야 한다.

업무와 관련 있는 분야에 대해서는 안테나를 높이 세워두고 있어야 한다. 기존의 기획에 대한 정보를 모조리 꿰고 있을 때 비로소 나만의 독창적인 기획을 구상해낼 수 있다.

1을 1′로 만들고 싶다면 수많은 1을 파악해야 한다.

1을 많이 알면 알수록 자기만의 독창적인 기획을 만들어낼 수 있다.

다른 기획들을 정확히 파악했을 때
비로소 나만의 독창적인 아이디어가 나온다.

결정권자의 뜻에 맞추기

기획을 통과시키기 위해서는 경영진이나 상사, 고객 등 결정권자들의 의향에 기획을 맞출 필요가 있다. 그런데 기획 방향과 결정권자의 의도가 다르다면 어떻게 할 것인가?

우리 방송작가들은 설령 자신의 감각과 고객의 요구가 다르더라도 결정권자들의 주문에 어떻게 맞출 것인가를 먼저 생각한다.

자신의 기획에 대한 지나친 집착은 버려야 한다.

물론 긍정적인 의미의 집착까지 던져버리면 곤란하지만 고집스럽게 '이쪽이 절대적으로 좋다'고 주장한다면 결국 마이너스가 될 뿐이다.

결정권자의 생각이 자신의 감각과 다를 경우에는 새로운 앵글로 기획을 바라볼 수 있는 기회라고 생각하라. 즉 발상의 폭을 확대시킬 수 있는 기회다. 결정권자의 뜻을 어떻게 기획에 반영할지 고민하는 사이, 지금까지와는 전혀 다른 방향으로 기획을 다듬을 수 있다.

요컨대 결정권자의 의향에 무조건 따르는 것과 결정권자의 뜻을 반영하는 것은 전혀 다른 차원의 이야기다(따라서 기획자가 먼저 기획안을 구상한 뒤 결정권자에게 제안하는 방법은 전혀 문제될 것이 없다).

결정권자의 뜻에 맞추기 위해 무엇보다도 중요한 것이 예산 지키기다. 사실 예산은 조금 미묘한 부분이다. 히트할 것 같은 예감이 들면 다른 예산을 끌어와서라도 실행시키려는 결정권자들이 의외로 많다.

예산은 지키되 기획의 잠재력에도 기대를 건다! 이 양다리 걸치기 작전을 잘 활용해야 한다.

새로운
발상
더욱
숙고하라.
기획자의
감성
결정권자의
의향

07 마지노선 판단하기

자신만만하던 기획도 검증 작업을 거치면서 조잡함이나 허점이 조금씩 드러난다. 이것을 실현 가능한 기획으로 다듬는 사이에 규모가 상당히 줄어든 것처럼 보이기도 할 것이다. 이럴 때는 "이것만큼은 양보하기 싫다"는 마지노선을 정해두고 이 선을 넘어서는 기획인지 판단하자.

이 마지노선을 넘지 못했을 때는 시간과 노력을 들여 구상한 아까운 기획이라도 미련 없이 포기하는 용기가 필요하다.

여기서 마지노선의 의미는 '내 기호에 맞는가'가 아니라 '스스로 양보하고 싶지 않은 선'이다. 즉 예산으로 인해 기획의 규모가 축소되었을 때 '더 이상 양보할 수 없다'는 마지노선을 밑돌 경우에는, 차라리 기획을 취소하고 언젠가 예산이 제대로 책정되는 기회를 기다리는 방법도 좋지 않을까? 기획은 시기도 중요하므로 이때 어떤 판단을 내릴지가 중요하다.

마지노선을 설정하는 능력이나 감각은 경력이 쌓이면서 자연스럽게 연마된다.

기획 일을 시작한 지 3년 동안은 마지노선을 의식하지 말고 무조건 다양한 기획안을 만들어내는 데 힘을 쏟기 바란다. 자신의 마지노선을 훨씬 밑도는 기획, 관심 분야와는 전혀 다른 기획, 명함도 내밀지 못할 만큼 자잘한 기획이라도 착실하게 하나씩 처리하는 사이에 얻은 경험이 당신의 귀중한 자산이 되어줄 것이며 기획을 보는 안목까지 키워준다.

다만 경력이 쌓이면 마지노선 이하의 기획은 손댈 필요가 없다! 이것이 기획자로서 최소한 지녀야 할 자부심이라고 생각한다.

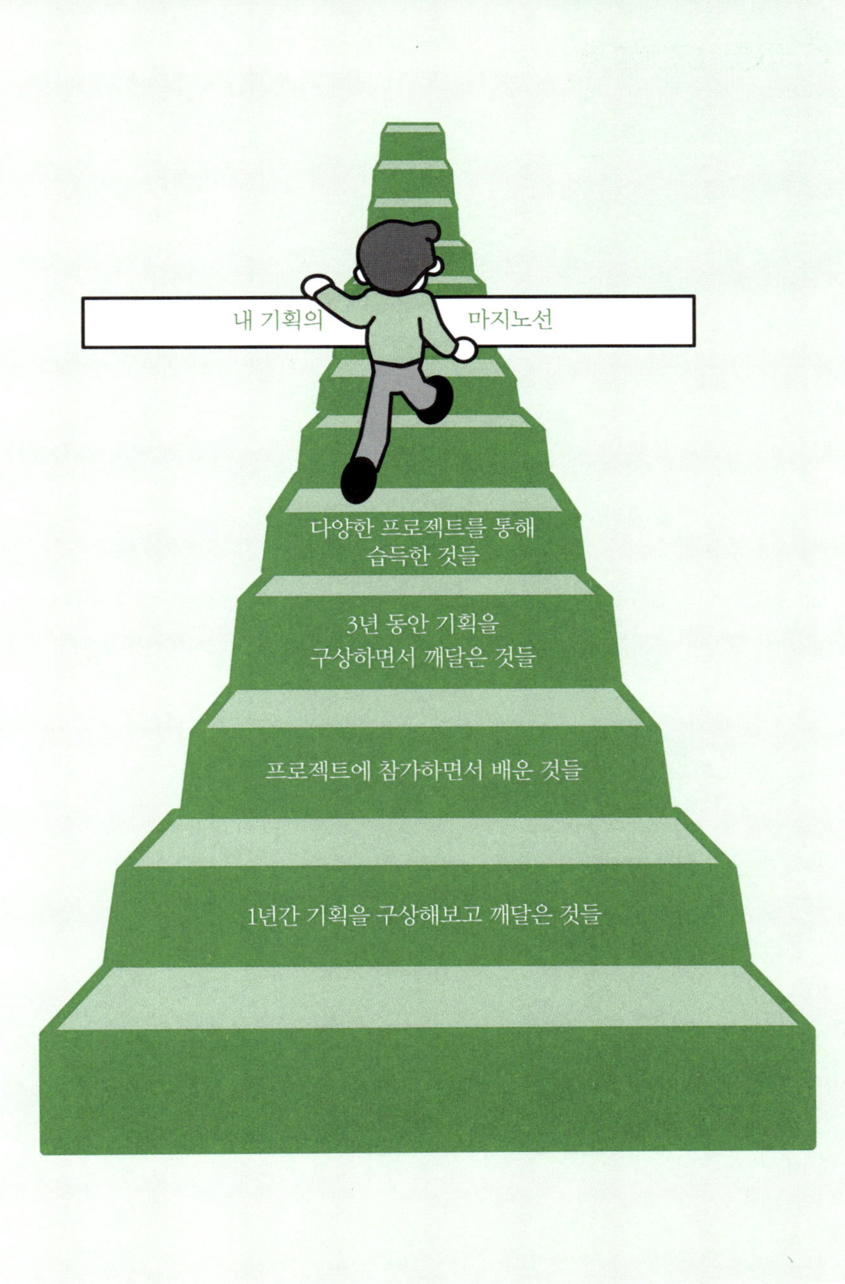

내 기획의   마지노선
다양한 프로젝트를 통해
습득한 것들
3년 동안 기획을
구상하면서 깨달은 것들
프로젝트에 참가하면서 배운 것들
1년간 기획을 구상해보고 깨달은 것들

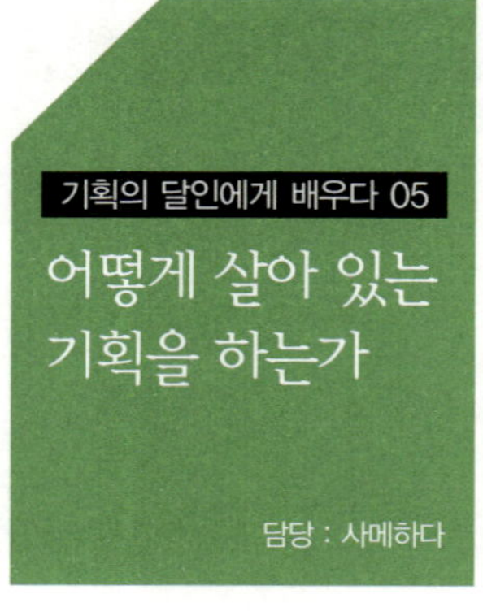

어떻게 살아 있는 기획을 하는가

TV 프로그램을 기획하는 감독들의 중요한 업무 중 하나가 '로케이션 헌팅'이다. 현지 촬영할 장소로 직접 찾아가 기획 대상을 확인하는 작업이다. 로케이션 헌팅이야말로 탁상공론에 머물던 기획에 생명을 불어넣는 작업이라고 할 수 있다. 촬영할 곳으로 가서 기획에 활용할 만한 소재가 없는지 마치 굶주린 늑대처럼 탐욕스럽게, 동물적인 감각으로 샅샅이 뒤지며 조사한다. 능력 있는 감독일수록 보통 사람들이 놓쳐버리는 재료(예를 들어 전문가를 능가하는 아마추어들, 평범해 보이지만 안을 들여다보면 이상한 가게 등)를 사냥한다. 이런 것들이야말로 인터넷으로는 결코 입수할 수 없는 살아 있는 정보다.

〈출몰! 아도마치크 천국〉은 매주 일본 전국의 도시, 번화가를 찾아가서 재미있는 곳, 추천할 만한 곳을 순위별로 소개하는 오락 프로그램이다.

이 프로그램의 조사팀은 정보 수집에 관한 한 타의 추종을 불허한다고 한다. 다만 인터넷을 열심히 검색해서 정성스레 인쇄한 자료에는 코웃음을 치며 무시해버린다고 한다.

제작자 "특집으로 다룰 ○○에 가서 쓸 만한 재료를 찾아오게!"

예를 들어 '나카노(中野)'를 특집으로 다룬다고 하자.
"오타쿠들의 성지 아키하바라는 한물갔다! 지금 내로라하는 오타쿠들은 나카노 브로드웨이로 집결 중이다!"

인터넷으로 검색하면 이 정도 정보는 얼마든지 입수할 수 있다. 하지만 그것은 나카노에 대한 표면적인 자료에 불과하다. 나카노 브로드웨이의 진정한 모습을 그리고 싶다면 현장에 직접 가서 쓸 만한 자료가 없는지 두 눈으로 샅샅이 탐색하는 작업부터 시도해야 한다. 솜씨가 뛰어난 감독이라면 당연히 이런 조사 방법을 요구할 것이다.

두 발로 직접 뛰어야만 알 수 있는 것들이 너무나도 많다.

한마디로 오타쿠라고 말하지만, 나카노 브로드웨이에 모이는 사람들은 모형(figure),
만화, 스타 등 일반적인 오타쿠에서부터 군용물품 마니아, 레코드 마니아 등의 고전적
인 오타쿠들까지 아주 다양하다. 요컨대 깊이가 있는 오타쿠 거리라고 할 수 있다.

가게를 특집으로 다룰 경우, 조사팀은 구체적으로 '이런 재미있는 종업원'이 일하
는 가게에 '이런 타입의 고객'들이 모이므로 TV 프로로 만들면 '이런 부분이 재미있
을 것'이라는 조사까지 시도했을 때 비로소 살아 있는 정보가 된다.

다시 말해서 〈출몰! 아도마치크 천국〉 조사팀은 평범한 프로의 감독들이 로케이션
헌팅을 통해 입수하는 '생생한 정보'를 기획 초기 단계에서부터, 즉 기획 구성회의 때
미리 제출한다.

전국 각지의 명소, 전통을 자랑하는 가게를 탐방하는 이 프로가 장수하는 비결은 바
로 이 조사팀 덕분이라고 생각한다.

두 발로 직접 뛰며 수집한 생생한 정보 중에서 과연 '어느 것이 쓸 만한지'를 음미하
며 취사선택하므로 프로그램에 깊이가 생기고 이것이 TV 화면을 통해 고스란히 시청
자에게 전달되는 것이 아닐까?
바꿔 말하면 'TV 화면을 통해 그곳에 사는 사람들의 표정이 보인다'는 이야기다.

어떻게 하면 살아 있는 기획을 만들 수 있을까?
이 칼럼이 조그만 힌트가 되어준다면 더할 나위 없겠다.

기획서 제출

01 기획서란?

　　검증 작업을 통해 실현 가능성이 높은 기획으로 다듬어졌다면 이제 기획서를 작성해서 프레젠테이션에 도전할 차례다!

　　지금까지 가공해온 아이디어를 기획서로 정리할 때는 기획 의도나 목표 등을 글로 정확하게 표현해야 한다. 아무리 훌륭한 기획이라도 상대방에게 제대로 전달되지 않으면 아무 소용이 없고 채용되지도 않을 것이다. 알기 쉽게, 상대를 감동시킬 만한 기획서로 작성하는 일은 아이디어 떠올리기 못지않게 중요하다.

　　그런데 알기 쉬운 기획서란 어떤 것일까?

기본은 간단명료하게 기획의 골자를 설명하는 것이다.

　　"이것을 하고 싶다", "이 부분이 새롭다"는 식의 짤막한 문장으로 기획 내용이나 목적을 전달할 수 있는가? 훌륭한 기획서의 필수조건은 간결함이다.

　　이 뼈대 위에 구체적인 방법이나 설득력을 뒷받침해줄 자료 등을 덧붙이면 된다. 요컨대 기획서는 단 한 장으로 마무리될 정도로 간결해야 한다.

　　간결함의 원칙을 완전히 무시한 엄청난 분량의 기획서를 읽은 적이 있는데, 결론은 "건질 것이 없네"였다. 자료만 나열되어 있고, 아이디어는 전혀 없는 기획서였던 것이다. 페이지를 아무리 넘겨도 '무슨 말을 하고 싶은 건지', '무엇이 아이디어인지'가 적혀 있지 않았다.

　　이런 기획서는 당연히 통과되기 어렵다.

　　"그래서 뭘 하고 싶다는 거지?" 하는 말이 절로 나온다.

　　기획서를 읽는 사람들이 이런 의문을 가지지 않도록 아이디어가 분명하게 제시되도록 작성해야 한다. 이것이 기획서 작성의 출발점이다.

아이디어가 무엇인지
바로 알 수 있는 기획서

○○같은 기획안을 만들고 싶다.

(＋ 기획 의도를 뒷받침해줄 자료)

노 아이디어의 기획서

요즘 여고생들은 이런 느낌이고
이런 경향을 보이며…

무엇을 하고 싶은 기획인지 알 수 없다.

02 기획서는 연애편지

기획서는 '내가 무엇을 하고 싶은지' 바로 알 수 있도록 간결하게 작성해야 한다.

동시에 기획서는 상대방의 마음을 사로잡을 수 있는 '연애편지'가 되어야 한다.

이성에게 말을 걸 때 제각기 접근 방법을 달리하듯이 기획서도 결정권자들을 떠올리며 작성하자. 어떻게 작성해야 만족시킬 수 있을까? 어떻게 해야 설득할 수 있을까?

예를 들어 결정권자가 이론을 따지기 좋아한다면 논리 정연한 기획서(자료나 분석 결과를 활용해서 관심을 끌도록 한다)가 좋다. 반면 이미지를 중시하는 편이라면 어려운 전문 용어를 피하고 시각적으로 기획서를 꾸민다. 상대방에 따라 각기 다른 작전을 구사하는 것이다.

이 정도 수고도 감수하지 않고 간결함이 최고라며 한 장짜리 기획서로 끝내버리면 너무나 성의 없게 비칠 것이다. 당연히 퇴짜맞을 것이다. 기획서 자체가 상대방을 설득하기 위한 중요한 도구임을 잊어서는 안 된다.

기획서를 작성하는 방법은 아주 다양하다.

설득해야 할 상대방에 따라서 기획서를 몇 가지 패턴으로 작성할 수 있는 실력을 갖추는 것이 가장 이상적이다.

기획 내용이 아무리 좋아도 상대방의 기호에 맞지 않는 접근법을 사용하면 통과되기 어렵다. 채택 가능성을 높이기 위해서라도 상대방이 어떤 유형인지 파악해서 그의 가려운 곳을 긁어주는 기획서를 작성하자.

이론을 중시하거나
모양새를 중시하는 사람

자료나 기획서 분량을 늘린다.

이미지를 중시하는 사람

시각적인 요소를 충분히 살린다.

쓸데없는 설명은
필요 없는 사람

간결하게 한 장으로!

03 고객에게 연출하기

상대방을 설득하기 위해서는 기획서를 연출할 줄 알아야 한다. 가장 좋은 것은 알기 쉽게 작성한 기획서다.

연출 방법이야 많지만 기본은 역시 공감이다.

공감을 불러일으켜 기획에 대한 이해를 촉구해야 한다.

기획서 첫머리에 '존경하는 ○○님'으로 시작하는 장문의 기획서를 읽고 싶은 사람은 별로 없을 것이다.

"이럴 때 곤란하지 않습니까?"

"이런 두려움을 외면한 채 슬쩍 넘어가지는 않는지?"

이런 강렬한 문장으로 공감이나 두려움 등의 감정을 환기시키면 훨씬 더 설득하기 쉽다. '바로 그것을 해결하는 기획'이라고 설명하며 공감을 유도하면 기획의 매력이 바로 전달될 것이다.

공감 → 해결 방법 제시 → 상대방에게 기획 의도를 전달하기 쉽다.

겉모양도 보기 좋게 다듬어야 한다.

다양한 색깔과 글씨체로 작성하거나 사진을 첨부하는 등 재미있게 꾸미면 다른 기획과 차별화할 수 있다. 나는 기획서에 내 캐리커처를 그려 넣어서 일단 눈길 끌기 작전을 구사하고 있다.

기획서를 연출할 때도 자신의 기호나 취향만 생각하지 말고 상대방에 맞춰서 연출해야 한다는 점을 잊지 말자.

공감을 불러일으킨다.

○○가 곤란했던 적은 없습니까?

이런 문제를 해결해주는 것이 바로 이 기획입니다.

놀라게 만든다.

○○ 위험성이 있는 사람이 80퍼센트 이상

그러나 이 기획으로 위험을 방지할 수 있습니다.

비교한다.

A, B, C를 비교해보십시오.

B나 C에 없는 장점이 A에는 있습니다.

04 강력하고 간결한 제목 붙이기

기획서의 표제도 상당히 중요하다. 제목이 기획서의 인상을 좌우할 수 있기 때문이다. 이름 짓기와 관련한 몇 가지 발상법을 살펴보자.

- **콘셉트 구현형**: '고키부리 호이호이(사라져라! 바퀴벌레)'처럼 제품 콘셉트를 간결한 단어 몇 개로 표현하는 방법.
- **대화형**: '오이 오차!(어이, 녹차!)'라는 녹차 음료수처럼, 말을 걸듯이 자연스러운 호칭을 상품명으로 활용해서 친밀함을 내세우는 방법.
- **운율형**: '자가리코(감자 스낵)'처럼 음과 운율을 이용해서 제품을 기억하도록 만드는 방법.
- **썰렁한 개그형**: '우츠룬데스'*나 '유명인'** 식의 썰렁한 개그를 활용해서 상품 이미지를 높이는 방법.
- **유행어형**: '하나 셀레브'***처럼 유행어를 활용해서 제품을 광고하는 방법.
- **신조어형**: '트리비아의 샘'이나 '파브리즈'처럼 여운이 남는 신조어로 깊은 인상을 심어주는 방법.

맨얼굴은 미인인데 화장 솜씨가 형편없어서 상대방의 시선을 놓쳐버린다면 이보다 안타까운 일이 없다. 기획을 제대로 전달하고 싶다면 치장하는 것도 중요하다. 제목은 강력하고 간결하게 붙이는 것이 원칙이다.

---

* 우츠룬데스(寫ルンです): 후지필름이 발매한 1회용 카메라. 신제품 프레젠테이션에서 중역들이 의심스러운 표정으로 "정말로 찍히냐?(本当に寫るのか?)"고 반문하자 담당자가 "정말로 찍힙니다!(寫ルンです!)"라고 대답한 데서 우츠룬데스라는 상품명이 탄생했다고 한다─옮긴이.

** 유명인(湯名人, ゆうめいじん): 발음은 유명인(有名人)과 같지만 온천에 통달한 인물이라는 뜻─옮긴이.

*** 하나 셀레브(鼻セレブ): 셀러브리티(celebrity)라는 단어가 유행할 때 알레르기 비염으로 고생하는 사람들을 위한 고급 크리넥스 이미지를 내세워 상품명을 하나(=코) 셀레브로 정했다고 한다─옮긴이.

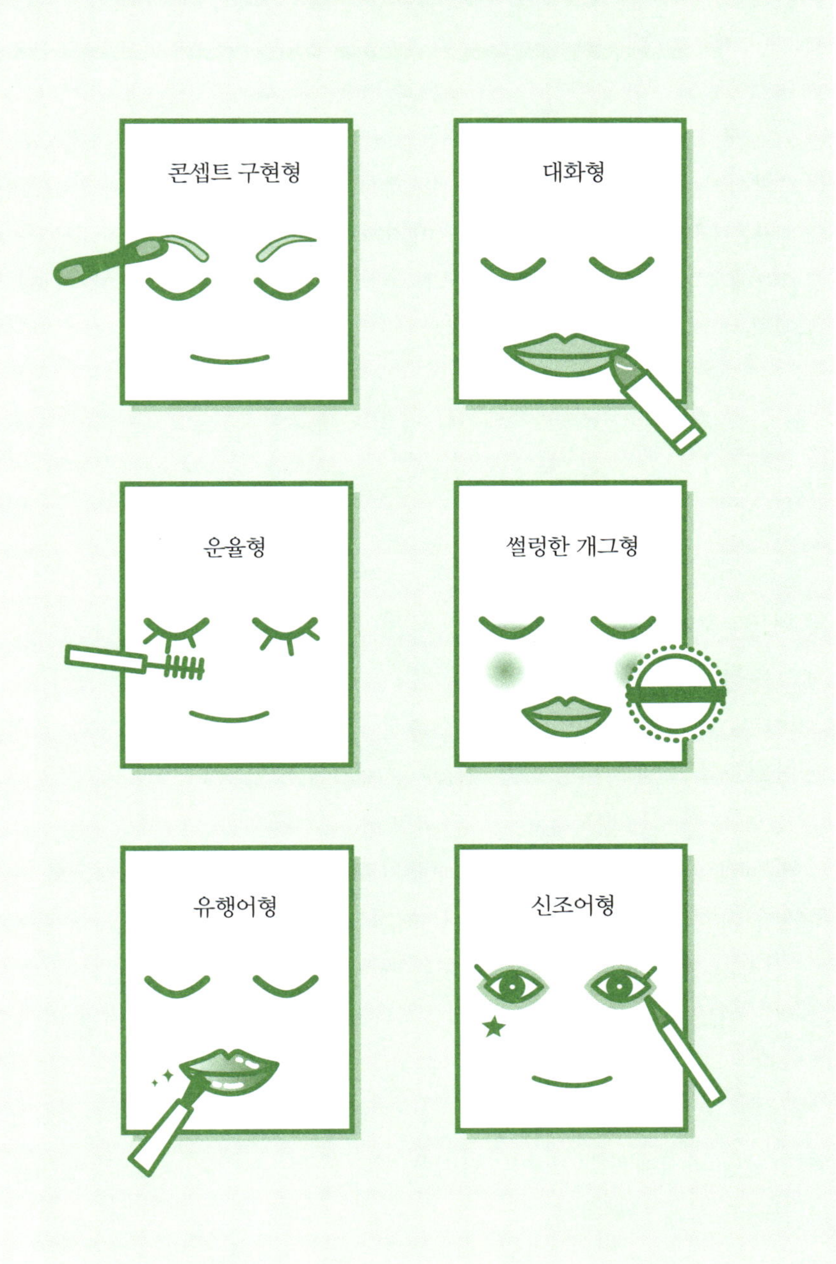
콘셉트 구현형
대화형
운율형
썰렁한 개그형
유행어형
신조어형

05 프레젠테이션으로 설득하기

　기획서가 완성되었다면 이제는 프레젠테이션을 실시할 차례다. 프레젠테이션은 기획을 통과시키기 위한 마지막 관문인 동시에 당신의 구상을 결정권자에게 선보이는 최고의 무대다. 주눅들 필요 없이 적당한 긴장감과 정열을 쏟아 프레젠테이션을 시도하자.

　프레젠테이션은 논리 정연한 이론으로 무장해서 상대방을 굴복시키는 결전장이 아니다. 상대를 기분 좋게 설득해서 사이좋게 손잡는 작업이다.

　물론 이론으로 단단히 무장한 채 상대방의 반론을 정면타파하며 기획자의 의도대로 통과시키는 방법도 있을 것이다. 그러나 상대를 몰아세워서 기획을 통과시켰다 하더라도 이런 관계는 조만간 깨어질 가능성이 높다.
　따라서 프레젠테이션을 할 때, 기획자는 한 걸음 물러나 상대방을 배려하는 분위기를 조성한 다음에 본론으로 들어가는 것이 좋다.

　한 번에 공격하는 것보다는 상대방의 마음이 조금씩 기울어지도록 유도하면서 마지막에 총공세를 펼친다. 야한 농담도 해가며 조금씩 벗기는 사이, 전라가 되고 정신 차리고 보면 동거까지… 식의 프레젠테이션이 좋다! "어어? 어느새 여기까지?" 상대방도 어느 순간 정신을 차리겠지만 이미 분위기에 젖은 상태라 대개는 쓸데없는 반론을 접어버린다.
　이처럼 참가자 모두 기분 좋게, 적극적인 분위기에서 기획이 결정되었을 때는 실행 과정에서도 모두의 협력을 쉽게 구할 수 있다. 다소의 어려움이나 실패도 쉽게 극복한다.

기획을 통과시킬 때
기획이 채택된 뒤
이론으로 무장해서
상대를 굴복시킨다.
불협화음이 생기기 쉽다.
먼저 상대방을
기분 좋게 설득한다.
참가자 모두 기획을
성공시키기 위해
협력한다.

06 긴장을 해소하는 방법

프레젠테이션을 앞두면 누구나 긴장부터 하게 된다. 다음 사항을 명심하고 준비한다면 긴장감을 어느 정도 해소할 수 있을 것이다.

기획에 대해 충분히 공부해둔다

우리는 자기 자신에 대한 질문에는 그다지 긴장하지 않는다. 왜냐하면 '나 자신에 관한 것이라면 뭘 물어봐도 좋다'는 자신감이 있기 때문이다.

기획에 관해서도 마찬가지다. 내용을 충분히 연구하면 '어떤 질문을 던져도 좋다'는 자신감이 생기고 자연스럽게 마음의 여유도 갖게 된다.

시뮬레이션을 해보자

예상 질문을 시뮬레이션 해두는 방법도 긴장감을 해소하는 데 효과적이다.

각본을 짜듯이 구체적인 질문→답안 식으로 연습하다가는 예상치 못한 질문에 당황하게 되므로 어느 정도 자유롭게 무작위로 예상 질문을 만드는 것이 요령이다.

또 한 가지 중요한 점은 상대방의 입장이 되어 기획에 불안한 요소가 없는지 살펴보고 미리 해결하는 것이다. 기획에 대해 상대방이 어느 부분을 불안해하는지 미리 파악할 것, 그에 대한 답변도 정확하게 준비해둘 것!

이 정도만으로도 프레젠테이션에 대한 긴장감을 상당히 줄일 수 있다.

프레젠테이션을 실시하는 날, 상대의 반응에 따라서 진행 순서나 내용을 적절히 바꾸며 유연하게 대응할 수 있으면 합격이다.

 메모를 보지 않고 진행할 수 있을 정도로
기획 내용이 잘 정리되어 있는가?

 상대가 '기획의 어느 부분에 불안함을 느끼고
있는지' 시뮬레이션 했는가?
그에 대한 대책도 강구했는가?

 프레젠테이션을 할 때 참고할 개인용 메모도
임기응변이 가능한, 융통성 있는 내용인가?

07 프레젠테이션의 요령

드디어 프레젠테이션을 할 차례다. 가슴이 두근두근거리지만 이날은 승부의 날! 자신의 의도가 정확하게 전달되도록 해야 한다. 이를 위해서 제일 먼저 파악해야 할 것이 있다.

기획을 결정하는 결정권자, 즉 핵심 인물이 누군지 알아내는 일이다.

결정권자라고 반드시 직책이 높은 인물은 아니다. 그 자리를 주도적으로 이끌며 판단하는 사람이 바로 결정권자다. 이런 사람이 누구인지 신속하게 찾아낸 다음 그의 마음을 사로잡도록 노력해야 한다. 프레젠테이션 당일, 핵심 인물을 판별하기 어렵다면 미리 조사해두는 것도 좋다.

핵심 인물을 가려냈다면 이제부터는 그의 표정과 반응을 살펴가며 프레젠테이션을 진행한다. 예를 들어 기획 내용과 관련한 업계의 새로운 동향을 언급할 때 상대가 어떤 표정을 짓는가? 만족한 표정? 아니면 뭔가 석연치 않은 표정? 이런 미묘한 차이를 읽으면 본론으로 바로 들어가도 좋은지 아니면 업계의 동향을 더 자세히 설명하는 것이 좋은지 결정할 수 있다.

프레젠테이션에서 발표자는 일방적으로 설명만 해서는 안 된다. 경청하는 상대방을 주시하며 그들의 수준을 탐색하는 작업도 중요하다.

프레젠테이션이 끝났을 때 결정권자가 어느 부분에서 미소를 짓고 어느 부분에서 고개를 갸웃거렸는가? 이런 변화를 제대로 파악했을 때 비로소 당신의 기획 의도가 상대방에게 전달되었다고 말할 수 있다.

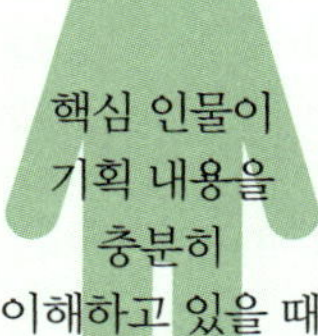

기획의 장점,
매력에 대해
집중적으로
프레젠테이션을
한다.

핵심 인물이
기획 내용을
제대로
이해하지 못할 때

기획의 의도와
재미는 물론
업계의 전반적인
분위기부터
시작해서 기획의
핵심에 이르기까지
상세하게 설명한다.

프레젠테이션에서 강조해야 할 부분

성공적으로 프레젠테이션을 했다고 해도 기획이 바로 통과되는 것은 아니다. 상대방 역시 신중하게 기획서를 저울질하게 마련이다. "의도가 분명치 않다"며 결정을 보류하는 경우도 있다. 이럴 때는 '어디가 분명치 않은지' 적극적으로 질문하자.

콘셉트를 이해하기 어려운지, 수요와는 동떨어진 부분이나 모순점이 있는지, 실현까지의 과정이 명확하지 않은지 등 상대방이 느끼는 문제점을 정확히 파악하고 그에 대한 보충 설명이나 제안을 해나간다.

"이 기획이 과연 성공할지 불확실하다"는 반응을 보일 때는 솔직히 증명할 방도가 없다고 털어놓자. 어려운 문제이기는 하나 참가자 전원이 기획 의도를 충분히 이해하고 공감할 수 있도록 설득해야 한다.

성공이 '확실하다'고 장담할 수 있는 기획은 오히려 평범한 아이디어일 가능성이 높다. 이미 세상에 나와 있어 누구나 한 번쯤 '본 적이 있는' 기획이기 때문에 익숙한 것일 뿐이다.

억지로 밀어붙일 것이 아니라 때로는 격려하듯이 "이런 기획이라면 성공할 수 있습니다!"라는 식으로, 고민하는 결정권자의 등을 살짝 떠미는 작전도 필요하다.

그런데 이 방법은 의사소통이 충분히 이루어지고 서로 마음이 통하는 상대일 때 효과가 있다. 상대방의 불안을 무시한 채 자신의 생각만 밀어붙인다면 곤란하다. 기획자들의 최종 목표는 기획을 통과시키는 것이 아니라 힘을 합해 기획을 성공시키는 것이어야 한다.

성공이 '확실한' 기획

언젠가 '본 적이 있는' 기획

평범한 기획

모두가 '확실하다'고 말하는 기획이
오히려 실패할 수도 있다.

새로운 기획에는 '확실하지 않은'
부분이 반드시 있다. 이런 생각을
참가자 전원이 공유하는 것이 중요하다.

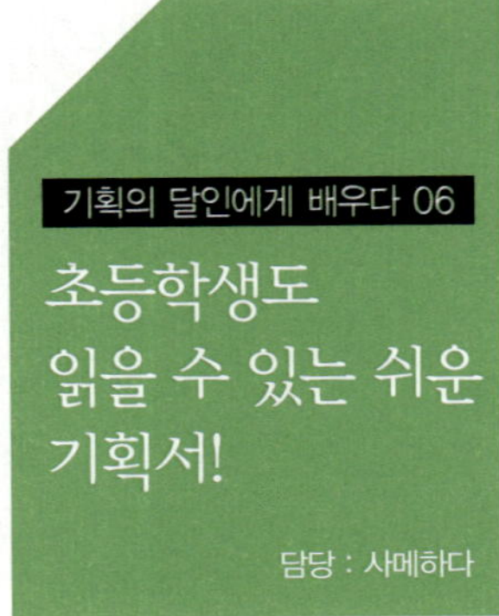

방송작가들이 TV 프로그램의 구성회의에 제출하는 기획서는 대개 A4 용지 한 장 분량이다. 특히 정규 프로그램일 경우, 방송 스타일은 이미 정해져 있으므로 프레젠테이션에 참가하는 제작자나 감독에게 이 기획으로 무엇을 하고 싶은지, 즉 기획 의도만 전달하면 된다. 이런 회의에 100쪽짜리 기획서를 제출해봤자 반응은 뻔하다. "이걸 읽으라고?" "대체 무슨 말을 하고 싶은 거야?"

방송작가의 기획서를 보면 '무엇을 하고 싶은가', '기획의 핵심은 무엇인가', '시청자에게 어떤 감동을 줄 수 있는가?' 등이 간단명료하게 적혀 있다.

다음 쪽 그림은 〈상마의 슈퍼 가라쿠리 TV〉 구성회의에 제출해서 채택된 기획서로, 가라쿠리 메모리 메일이라는 코너로 방영되었다. 물론 기획서 한 모퉁이에 내 얼굴(사메하다의 캐리커처)을 그려 넣었다.

당시 총 연출을 담당했던 감독은 다음과 같이 주문했다.

"지금까지 어린이나 노인, 외국인까지 다양한 층을 다루었지만 젊은 여성, 특히 여고생을 대상으로 기획한 프로는 거의 없었다. 젊은 층을 대상으로 한 기획서를 제출하라!"

마침 얼마 전부터 '휴대전화의 메일 보호 기능'을 주제로 기획해볼 수 없을까, 고민하던 중이었다. 그래서 휴대전화 메모장에도 아이디어를 계속 메모해왔다.

감독이 기획 내용까지 구체적으로 지적하며 주문했을 때는 정말이지 펄쩍 뛰어오를 만큼 흥분했다. "바로 이거다! 이 아이디어야말로 〈가라쿠리 TV〉의 거리 인터뷰 기획에 딱 맞아떨어진다! 보안 메일을 이용하는 층은 거의 10대, 이번 기획의 대상도 10대!"

그렇게 해서 탄생한 기획서가 다음 쪽의 작품이다.

기획안 제목은 곧바로 내용을 떠올릴 수 있는 간결한 문장이어야 한다. 이 경우에는 '보안 메일을 사용한 기획'이라는 점이 중요하므로 표제에 보안 메일이라는 단어를 그대로 사용했다.

나만의 스타일을 강조하기 위해 일부러 손쓰기를 한다. 다들 컴퓨터로 작성한 깨끗한 기획서를 제출하므로 자필 기획서가 오히려 눈길을 끌 수 있다. 그래서 요즘은 손쓰기로 모든 기획서를 작성하고 있다.

캐리커처가 사인을 대신하지는 못하지만 '사메하다 제품'임을 강조하기 위해 반드시 그려 넣는다. 다른 기획과 달리 이것은 '뭔가 재미있을 것 같다'는 느낌을 줘야 하기 때문에 장난스러운 자화상을 이용해서 시각적인 효과를 노린다.

프레젠테이션을 할 때 "이런 경험을 해본 적은 없습니까?"라는 식의 질문으로 기획에 대한 공감을 유도하는 방법. 상대방이 '맞다, 있다!' 하고 공감할 수 있다면 포섭은 성공한 셈이다.

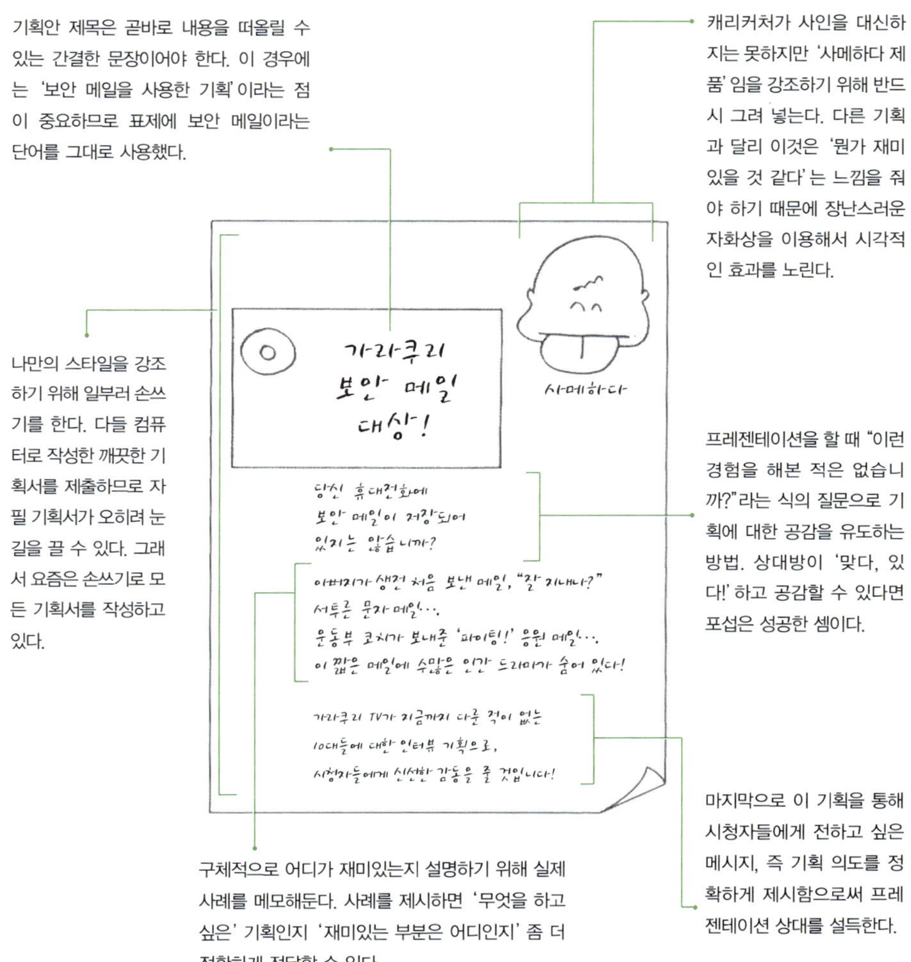

구체적으로 어디가 재미있는지 설명하기 위해 실제 사례를 메모해둔다. 사례를 제시하면 '무엇을 하고 싶은' 기획인지 '재미있는 부분은 어디인지' 좀 더 정확하게 전달할 수 있다.

마지막으로 이 기획을 통해 시청자들에게 전하고 싶은 메시지, 즉 기획 의도를 정확하게 제시함으로써 프레젠테이션 상대를 설득한다.

초등학생이 읽어도 바로 이미지가 떠오르는 기획
→ 좋은 기획서란 이런 것이다.

세상을 깜짝 놀라게 할 기회를
잡은 당신에게!

시작이 반이다. 기획안 작성법을 공부하기로 마음먹은 바로 이 순간, 당신은 즐거운 일상의 세계로 한발 들여놓았다!

사람들이 깜짝 놀랄 만한 당신만의 기획! 지금 바로 시작하라.

마지막으로, 막 발걸음을 옮기기 시작한 당신에게 보내는 우리의 격려!

기획자에게 한숨은 어울리지 않는다!

사메하다가 태어나서 처음으로 제작진 명부에 이름을 새긴 방송이 왕년의 오락프로, 〈돌격! 전파소년〉이었다.

기획회의에 처음 참가하는 신참들은 대개 말 한마디 못하고 구경만 하다가 끝내기 일쑤다. 선배들이 아이디어를 주고받는 속도가 상상을 초월하기 때문이다.

간신히 기획서를 만들어 제출해도 다들 어이없는 표정을 지을 뿐이다. 당시의 제작자들이 "그냥 팍 잘라버릴까 생각했다"고 나중에 토로할 정도로 정말 형편없는 기획서였던 것이 사실이다.

지금 신참내기 기획자인 당신도 마찬가지다. "기획서 제출하라, 아이디어 내놔라!"고 쉴 새 없는 독촉에 어렵게 아이디어를 제출하면 내놓는 족족 무시당한다. 자신감 상실, 쏟아지는 중압감, 한숨과 탄식만 흘러나오고…. 좋은 기획은 만들지도 못하고 통과도 안 되고….

당신의 초조함을 누구보다도 잘 알고 있다.

기획 일을 막 시작한 신참 시절에는 누구나 이런 벽에 부딪히게 마련이다.

그러나 마조히스트여야 할 기획자, 즉 진정한 기획자라면 이런 역경은 반드시 극복해야 한다!

선배 방송작가들로부터 숱하게 들었던 충고가 "딱 3년만 노력해보라!"는 것이었다.

실제로 3년 동안 정신없이 매달리다 보면 선배들의 말을 이해할 수 있다.

신참일 때는 숲 속을 헤매는 것만 같다. 그러나 3년간 열심히 걷다 보면 어느 날 문득 '내가 지금 어떤 산을 오르고 있고 어디를 향하고 있는지' 보이기 시작한다.

그다음은 산 정상을 향하는 일만 남았다. 어떤 기획이 좋은지 구분할 수 있으면 회의 분위기도 읽을 수 있고 일도 재미있어진다.

설령 기획이 통과되지 않더라도 이는 당신을 성장시키는 귀중한 경험이 된다.

물론 기획 일을 포기하지 않았을 때의 이야기다.

때로는 울창한 숲 속을 헤매는 듯 앞이 보이지 않아도 의기소침하거나 포기해서는 안 된다. 손해가 될 뿐이다.

올라가야 할 산은 언젠가 반드시 또렷하게 눈에 들어온다.

그때를 기다리며, 지금은 기획을 구상하고 배우며 자신의 성장을 최대한 음미하도록 하자.

기획이 채택되지 않는 시기

자기 분야의 스트라이크 존을 파악하는 시기
자신의 수준, 부족함을 깨닫는 시기

이 시기를 최대한 음미하는 것이
더 좋은 기획을 만드는 첫걸음!

기획 실행이라는 기쁨을 일단 맛보면
더 이상 뒤돌아볼 필요가 없다!

경험을 쌓으며 기획안 작성 요령을 익히면 기획이 채택될 확률도 점점 높아진다. 사메하다도 경력이 쌓이면서 〈전파소년〉 구성회의에서 아이디어가 채택되는 횟수가 늘어났다.

특히 기억에 남는 기획은 개그팀, 사루간세키(猿岩石)가 시도했던 '대륙 횡단 히치하이킹'이라는 코너의 최종회였다.

당시 제작자가 우려했던 부분은 엄청난 인기를 모은 이 코너의 마지막을 어떤 식으로 처리할 것인가, 즉 감동으로 끝내면 개그 프로가 아니라는 것이었다. 최고조에 달한 이야기를 어떻게 마무리 지을 것인가가 기획 포인트였다. 결국 사메하다는 간신히 목표 지점에 도착한 두 사람에게 "또다시 여행을 떠날 것인지 아닌지 스스로 선택하라"고 제안하는 내용의 기획을 제출했고, 이것이 그대로 채택되었다.

방송 후 시청자들의 반응은 뜨거웠다. 끝이 좋았다는 사람, 분개하는 사람…. 들리는 소문으로는 일본 TV에 걸려온 항의 전화도 사상 최고였다고 한다(^^).

방송작가 생활 5년 만에 이 정도 기획을 내놓았다는 사실도 뿌듯했지만, 지금까지 포기하지 않고 기획 일을 해오길 잘했다고 느낀 순간이었다.

이런 체험을 통해, 자신의 기획이 성공할 때까지 동기 부여를 지속할 수 있느냐가 기획자로서 성공하느냐 실패하느냐를 가름하는 결정적인 요인임을 깨달았다.

한 사람의 아이디어는 많은 이들의 협력을 통해 비로소 세상에 나오게 되고 대중들의 사랑도 받게 된다. 이 목표에 도달할 때까지 절대로 포기하지 말고 끊임없이 동기 부여를 하는 것이 중요하다! 그렇게 해서 마침내 기획안이 채택되고 성공했을 때 이루 말할 수 없는 희열을 맛보게 된다. 지금까지의 굴욕이 한순간에 만회되고, 기획안 작성이 드디어 신나는 작업으로 변한다.

실패해도 의기소침해 있을 시간이 없다!

우선은 기획 실현이라는 목표를 향해 달려라!

그런데 실현이라는 목표를 달성하고 나면 끝인가? 실은 그렇게 만만하지가 않다. 실현을 시키기는 했지만 결과가 좋지 않다면?

자신이 만든 기획이 실패하는 것은 공포 영화보다 더 끔찍한 경험이다.

우리도 기획한 방송이 참담하게 실패해 방영 중지에다 엄청난 적자를 방송국에 안겨주는 경우가 있다. 사태가 이렇게 되면 주위 시선이 험악해지고 그야말로 가시방석이 따로 없다.

그러나 기획자라면 적어도 이것만큼은 명심하자.

실패의 충격에 빠져 있을 때가 아니다!

의기소침해할 시간이 있다면 다음 기획안을 구상하라.

실패했다면 원인은 무엇인가? 어느 부분이 문제인지 분석하고 그로부터 힌트를 얻어 그 이상의 훌륭한 기획을 만들어내자.

기획은 성공할 수도 있고, 실패할 수도 있다. 실패를 만회하고 싶다면 쉬지 말고 다음 기획을 향해 나아가는 방법밖에 없다.

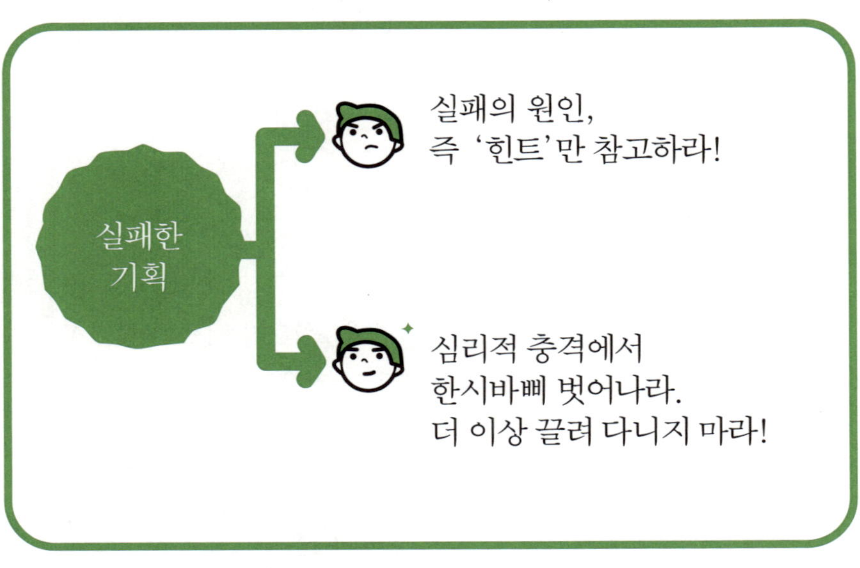

실행하고 싶은 기획(이상)과
자신의 상황(현실)이 일치하는가?

기획 일을 하다 보면 꼭 실행해보고 싶은 기획이 나오기도 한다.

지금까지 줄곧 구상해온 기획, 몇 번이고 퇴짜맞았지만 결코 포기할 수 없는 기획.

이렇게 정성을 들인 기획이 있다면 어떻게 할 것인가?

이럴 때는 이 기획이 현재 종사하고 있는 업계에서 정말로 실현 가능한지 철저하게 분석하자.

어떤 분야든 지금 당장 실현할 수 있는 기획과 실현 불가능한 기획이 있다.

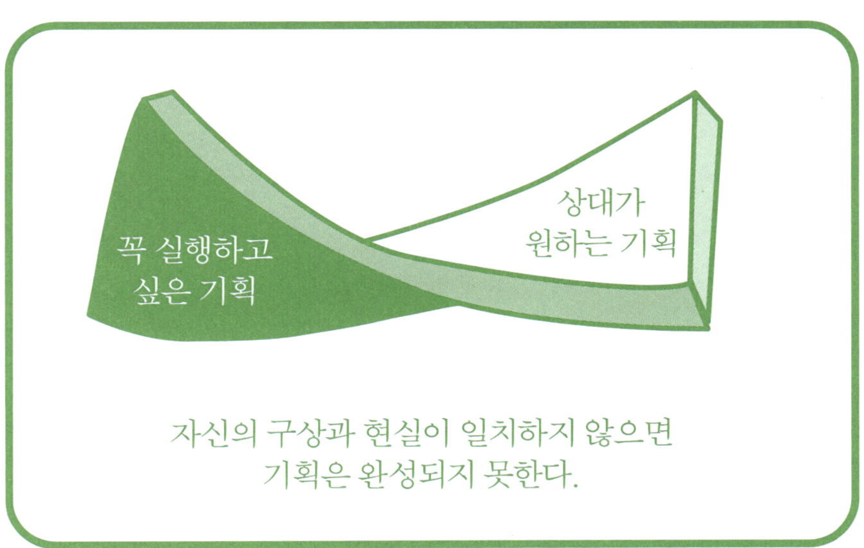

돈이 되는가, 아닌가가 가장 정확한 판단 기준이다.

즉 당신이 구상한 기획이 해당 업계에서 돈을 벌어들이지 못한다면 아무리 매달려도 소용없다. 이는 기획의 수준을 따지기 이전의 문제, 즉 이 일이 당신의 적성에 맞는가 하는 문제일 수도 있다.

어떻게든 기획을 실현시키고 싶다면, 먼저 당신의 아이디어를 인정하고 사줄 만한 곳을 찾아가는 것이 선결과제라 하겠다.

기획은 어디까지나 비즈니스임을 잊지 말자.

기획 업무는 자신에게 주어진 영역 안에서 가능성을 찾는 비즈니스다! 좀 더 나은 기획을 만들기 위해 반드시 기억해야 할 부분이다.

모든 기획들에 잠재해 있는
무한의 가능성

반대로 실현시키고 싶은 기획이 업계의 추세와 딱 맞아떨어진다면?

이때는 끈질기게 기획안을 제출하며 채택 기회를 노리자.

방송작가 겸 영화감독인 미키 사토시도 "잡학을 다루는 프로그램을 만들고 싶다"며 끈질기게 기획서를 제출(20년 동안!)했다. 그 결과 탄생한 작품이 〈트리비아의 샘〉이다.

사실 기획의 채택 여부는 시대적 분위기나 시기에 크게 좌우되기도 한다.

또 경험이나 실적이 쌓일수록 "당신의 솜씨에 승부를 걸어보겠다"는 사람도 차츰 늘어나게 된다. 꼭 실현시키고 싶은 기획이 있다면 절대로 포기하지 말고 호시탐탐 기회를 노리자.

다만 실현시키고 싶은 기획에만 집착한 나머지 다른 작품을 적당히 처리해버리면 기획자로서 성공하기 어렵다!

모든 기획에는 무한한 가능성이 숨어 있다. 당신이 구상해낸 1이 100이 되고 1,000 그리고 10,000으로 성장해서 세상에 선보일 가능성이 있는 것이다.

어떤 기획이든 성공할 수 있다!

미지의 가능성을 믿으며 신나게 기획을 구상하고 있는가? 아니면 주어진 일이니 어쩔 수 없이 기획하고 있는가? 어떤 자세로 임하느냐에 따라서 기획의 수준은 하늘과 땅만큼 벌어질 것이다.

당신은 어떤가? 지금 구상 중인 기획의 가능성을 감지할 수 있는가?

기획안 작성을 즐겨라!

다양한 사람들과 함께 기획안을 만들며 나름대로 느낀 점이 있는데 이른 바 기획력이 뛰어난 사람일수록 일상을 즐긴다는 사실이다.

"이런 것을 하면 모두 즐거워하지 않을까?"
"이걸 할 수 있다면 좀 더 신나는 세상이 될 텐데!"
그리고 생각에만 그치지 않고 일상 속에서 사람들이 감동할 만한 아이디어를 탐욕스럽게 찾아낸다. 이 작업을 누구보다도 즐기고 있다는 점이 역시 남다르다.

물론 하나의 아이디어가 모두 열매를 맺는 것은 아니지만 스스로 즐기며 구상한 만큼 사람들을 끌어들이는 매력도 크다.

기획안 작성의 재미라면?

★ 사람들이 즐거워할 만한 일을 연구하는 것 자체가 재미있다!

★ 그렇게 해서 나온 아이디어가 실현되고 사람들에게 감동을 준다면 더더욱 재미있다!

당신이 즐기고 있는 바로 그곳에 훌륭한 기획이 숨어 있다!

분야가 제각기 달라도 기획의 토대는 똑같다.

기획이 성공하면 어떻게 될까?

앞으로 세상은 어떻게 변할까?

각각의 기획이 지니고 있는 가능성을 믿으며, 그리고 즐기면서 나만의 아이디어를 찾아내자.

당신의 아이디어가 조금씩 성장해서 세상 사람들을 깜짝 놀라게 할 만한 기획, 작품으로 변신하기를 기대하겠다.

후루타치 프로젝트

히구치 다쿠지 / 사메하다 몬쥬 / 야마나 히로카즈

아이디어 100개 노크하기

(이 표를 복사해서 도전해보기 바란다!)

아이디어 곱셈표

기획 대상물	키워드	기획
	×	

만약 　　　　　　한 　　　　　　가(이) 있다면

만약 　　　　　　한 　　　　　　가(이) 있다면

만약 　　　　　　한 　　　　　　가(이) 있다면

만약 　　　　　　한 　　　　　　가(이) 있다면

만약 　　　　　　한 　　　　　　가(이) 있다면

만약 　　　　　　한 　　　　　　가(이) 있다면

만약 　　　　　　한 　　　　　　가(이) 있다면

만약 　　　　　　한 　　　　　　가(이) 있다면

만약 　　　　　　한 　　　　　　가(이) 있다면

만약 　　　　　　한 　　　　　　가(이) 있다면

만약 　　　　　　한 　　　　　　가(이) 있다면

만약 　　　　　　한 　　　　　　가(이) 있다면

만약 　　　　　　한 　　　　　　가(이) 있다면

만약 　　　　　　한 　　　　　　가(이) 있다면

만약 　　　　　　한 　　　　　　가(이) 있다면

만약 　　　　　　한 　　　　　　가(이) 있다면

만약 　　　　　　한 　　　　　　가(이) 있다면

만약 　　　　　　한 　　　　　　가(이) 있다면

만약 　　　　　　한 　　　　　　가(이) 있다면

만약 　　　　　　한 　　　　　　가(이) 있다면

후루타치 프로젝트

'다양한 각도에서 사물을 바라보고 창조하기'를 콘셉트로 결성한 ㈜후루타치 프로젝트 소속의 방송작가 팀. 대학 공개강좌나 강연회에서 기획 및 발상 기술에 관한 비즈니스 세미나 강사로 활약 중이다. 신문 연재, 휴대전화 사이트 등 다양한 기획에도 참가하고 있다. http://www.furutachi-project.co.jp/

히구치 다쿠지(樋口卓治)

후루타치 프로젝트 소속 방송작가. 1964년생. 현재 〈상마의 슈퍼 가라쿠리 TV〉, 〈학교 가자! MAX〉, 〈웃으면 좋아요!〉 등의 방송 구성작가로 활동 중이다. 저서로는 《만약 신데렐라의 행동이 모조리 계산된 것이라면? – 생각하는 뇌 단련법(もしも, シンデレラの行動が全て計算ずくだったら?~考える脳の鍛え方~)》 등이 있다.

사메하다 몬쥬(鮫肌文殊)

후루타치 프로젝트 소속 방송작가. 1965년생. 현재 〈빙글빙글 나인티나인〉, 〈상마의 슈퍼 가라쿠리 TV〉, 〈정크 스포츠〉 등의 구성작가로 활동 중이다. 저서로는 《방송작가의 추천(放送作家のススメ)》, 《일본의 소수민족(日本の小數民族)》, 《공기의 벽(空氣の壁)》 등이 있다.

야마나 히로카즈(山名宏和)

후루타치 프로젝트 소속 방송작가. 1967년생. 현재 〈무쇠팔, DASH!〉, 〈줄서는 법률상담소〉, 〈마지막 경고! 다케시의 사실은 무서운 가정의학〉 등을 담당하고 있다.

아이디어가 기획서로 바뀌는 순간

기획의 발견

초판 1쇄 인쇄 2009년 9월 14일
초판 1쇄 발행 2009년 9월 18일

지은이 후루타치 프로젝트
옮긴이 김은주
펴낸이 박종홍
펴낸곳 이코북
기획편집 박윤희

주소 서울시 관악구 봉천4동 865-2 세종오피스텔 902호
전화 02)335-6936
팩스 02)335-0550
E-메일 ecobook@paran.com

ISBN 978-89-90856-32-6 (03320)

값 10,000원

잘못된 책은 구입하신 서점에서 교환해드립니다.